5

저자 이재환(Victor Lee)

[약력]
FTC외국어연수원 원장 역임
시사외국어연수원장 역임

[활동]
MBC 9시 뉴스데스크 출연
KBS 1TV 9시 뉴스데스크 출연
KBS 2TV 뉴스광장 출연
YTN 뉴스 출연
MBN 뉴스 출연
경향신문 X매거진 특집인물기사
주간인물 표지모델 선정
미국 시카고 한인방송 인터뷰 특집기사
미국 LA 한인방송 인터뷰 특집기사
캐나다 한국일보 인터뷰 특집기사
캐나다 동아일보 인터뷰 특집기사
교육대상 수상
국내 학교 및 관공서, 학원 약 500여 개소 프로그램 공급

[저서 및 개발]
음성인식영어로봇 세계최초 개발(프레스센터 언론 기자 회견)
AMT(영어문장자동암기프로그램)개발
기적의 영어기억법 저술
분리합성언어교육프로그램 이론 발표
영어 구절반복 특허 등록
AMS(영어자동암기시스템) 개발
기타 약 50여종의 교재와 30여종의 교육관련 특허 출원

Recording

Native Speaker
Kristen

education
B.A. in English Literature at University of California, Los Angeles(UCLA)
M.A. in TESOL at California State University, Los Angeles

work experience
Power English at EBS radio, host **(current)**
Business English, EBS radio, co-host **(previous)**
English Go, EBS radio, reporter
Ewha Woman University, full-time lecturer
Hanyang University, part-time lecturer

Korean
석원희 (KBS성우) **(previous)**
신혜경 (KBS성우) **(previous)**

문단기

문답식
단어연상
기억

5

UNIT 233 - 290
(WORDS 2785 - 3480)

한교연

머리말

문답식 단어연상 기억 (특허출원전문)

【발명의 배경】

외국어를 공부하는 학습자들이 가장 어려움을 겪는 부분이 단어학습이다.

초·중등 필수단어가 약 1,600 단어이고, 고교 필수단어가 약 4,200 단어이므로, 중복되는 단어를 제외하더라도 제대로 된 영어 학습을 위해 약 5,000개 이상의 단어를 완벽히 소리와 함께 암기해야 하는 실정이다.

최근, 한 통계에 따르면 고등학교 졸업생 중 고교 필수단어를 정확한 발음과 함께 모두 기억하고 있는 학생은 1%도 안 되고, 서울대를 포함한 상위 대학에 입학한 학생들 중에서도 다수의 학생들이 고교 필수단어 모두를 기억하지는 못하는 것으로 나타났다. 이러한 이유는 종래의 단어 기억 방법이 단순 반복 암기에 의해 이루어지기 때문으로 학습한 단어가 단기간은 머릿속에 기억되어 있다가 반복 학습을 하지 않게 되면 기억에서 바로 사라져버리기 때문이다. 실제로 영어 단어를 암기하는 경우 몇 시간이 지나면 약 50% 정도가 기억에서 사라지게 되고, 며칠이 지나면 70% 정도, 한 달 후에는 대부분의 단어들이 기억에서 사라지는 경험을 누구나 하게 된다.

따라서 암기한 단어를 지속적으로 기억하기 위해서는 수십 번에서 수백 번의 반복학습을 주기적으로 해주어야 하는데, 이렇게 암기한 단어가 기억에서 지워지고 다시 학습하는 과정에서 학습자들이 단어 암기 학습에 지쳐서 단어 암기 학습을 포기하고 있는 실정이다.

【과제의 해결 수단】

"한번 들으면 영원히 기억되기 위해" 국내 최초로 시도된 **7**가지

① 국내 최초 4200개 연상 질문 원고(연상기억)	② 국내 최초 4200개 연상 답 원고(연상기억)
③ 국내 최초 4200개 연상 질문 삽화(이미지기억)	④ 국내 최초 4200개 연상 답 삽화(이미지기억)
⑤ 국내 최초 KBS 남녀 성우 연상 질문/답 녹음	⑥ 국내 최초 원어민 3회 연속 챈트식 녹음
⑦ 8400개 삽화 애니메이션(영상 학습물)	

【발명의 효과】

한번 학습한 단어가 연상에 의해 오랜 기간 동안 기억 속에 남게 되므로 최상의 학습효과를 얻을 수 있는 뛰어난 효과를 갖는다. 문답 형식의 연상기억법을 통해 영어 단어를 기억할 수 있도록 함으로써 학교나 학원 등의 교육기관에서 선생님과 학생들 사이 또는 학생들끼리 조를 나누는 등의 방법에 의해 문답식 수업이 가능하게 되므로 학생들이 단어학습에 흥미를 느끼게 되고 보다 능동적으로 수업에 참여할 수 있게 되어 학습 능률을 향상시킬 수 있는 효과를 추가로 갖는다.

끝으로 '문단기' 연상 원고, 녹음, 삽화, 그리고 영상을 제작하기 위해 기간이 약 5년 정도가 소요됐으며 참여한 인원도 약 100여명이 참여되어 제작될 정도로 대하소설이나 대작의 영화라고 해도 과언이 아니다.

특히 이번에 본 개발을 위해서 국내 최초로 시도된 제작법만 7가지가 된다.

'문단기'는 **영상과 함께 학습**하여야 그 학습 효과를 제대로 볼 수 있으며 가능하면 영상물도 같이 구매하여 학습하기 바란다. '문단기'가 영어 단어 학습으로 힘들어하는 대한민국 모든 학습자들에게 희망이 되길 바라면서…

문답식 단어연상 기억으로

재미있고 쉽게 영어 단어를 학습하기를 기대합니다.

저자 이재환

영상 학습법

▶(녹색) 학습기 사운드 ▶(청색) 학습자가 표현 ▶(적색) 내용 설명
▶ 말 할 때는 반드시 큰 소리로 말해야 기억효과가 3~5배까지 됩니다.

✎ STEP 1

한글로 문장 연상 단계

▶ 단어의 뜻을 넣어 연상이 되도록 질문
▶ 단어의 음을 넣어 연상이 되도록 대답
  질문: 한국인 여자 성우
  대답: 한국인 남자 성우 ---- 2회 반복
▶ 영어는 생각하지 말고 큰 소리로 한국인 성우가 표현하는 우리말을 따라하면서 연상 문장을 기억할 것
▶ 리듬에 맞춰 경쾌하게 표현할 것

✎ STEP 2

연상된 문장 확인 학습 단계

▶ 음악만 흘러나오면서 입 그림이 좌측에서 우측으로 움직인다.
▶ 입 그림이 좌측에서 우측으로 갈 때까지 연상 문장을 표현
▶ Step 1에서 연상한 문장을 바로 표현해 본다.
▶ 영어는 몰라도 한국어 연상은 바로 됨
▶ 한국어 연상 문장 안에는 영어 뜻과 음이 모두 들어 있음

✎ STEP 3

영어 뜻과 음 기억 단계

▶ 연상 문장 1회 흘러 나온다
▶ 다시 한 번 연상 문장을 표현한다.
▶ 단어의 뜻을 한국인이 말하고
▶ 바로 이어 원어민이 영어음을 리듬에 맞춰서 3번 경쾌하게 읽는다.
▶ 원어민 음에 따라서 3회 큰 소리로 표현

✎ STEP 4

최종 기억 단계

▸ 한글 뜻에 이어서 원어민의 영어음이 3번 리
  듬에 맞춰 흘러 나온다.
▸ 다시 한 번 뜻을 표현하면서 영어음을 3번
  같이 따라서 발음
▸ 영어 음을 발음할 때 영어 철자를 눈으로 정
  확히 익힌다.

✎ STEP 5

기억 확인 단계

▸ 성우가 한글 뜻을 말한다
▸ 한글 뜻을 듣고 바로 영어로 표현
▸ 입모양이 좌측에서 우측으로 가기 전에 영어
  로 표현
▸ 입모양이 우측으로 가면서 영어 철자가 나타
  난다.
▸ 영어 철자가 나타날 때 본인이 표현한 것이
  맞는지 확인하면서 다시 한 번 영어로 표현

교재 학습법

교재는 **영상과 같이 학습**해야 훨씬 효과적입니다.

▶ 말 할 때는 반드시 큰 소리로 말해야 기억효과가 3~5배까지 됩니다.

✎ STEP 1

한글 연상 단계

▶ 영어는 생각하지 말고 우리말만 생각하고 연상문장을 머리에 기억합니다.
▶ 연상기억을 할 때 그림을 같이 보면서 연상기억이 오래 남도록 합니다.
▶ 연상기억을 할 때 기억을 해야겠다는 마음을 강하게 가지고 집중을 하면서 기억효과가 좋습니다. (두뇌도 발달됨)
▶ 큰 소리로 기억할 때마다 ①②③에 ✔표시를 하세요.

✎ STEP 2

한글 연상 단계

▶ STEP1에서 암기한 연상 문장을 이제 그림만을 보고 연상문장을 떠 올려서 큰소리로 말합니다.
▶ 큰 소리로 기억할 때마다 ①②③④⑤에 ✔표시를 하세요.

✎ STEP 3 연상 기억 확인 단계

1282	**elegant** [éligənt]	① ② ③ ④		기품 있는, 우아한	① ② ③ ④
3021	**qualification** [kwàləfikéiʃən]	① ② ③ ④		자격, 조건	① ② ③ ④
4142	**wilderness** [wíldəːrnis]	① ② ③ ④		황야, 황무지	① ② ③ ④

▶ 먼저 한글로 기억된 연상문장을 한번 말하고 바로 이어서 영어발음기호를 보고 정확히 큰 소리로 영어발음을 3번씩 합니다.
▶ 종이-등으로 좌측 영어 부분을 가리고 그림과 한글만을 보고 영어로 기억한 단어를 테스트 합니다.
▶ 종이-등으로 우측 한글 부분을 가리고 그림과 영어만을 보고 기억한 단어를 한글로 말하는 테스트를 합니다.

차 례

MoonDanGi

BOOK 5

✓ STEP 1

2785 ① ② ③

꽃잎 모양의 카드?
패를 돌려라.
☺ 꽃잎 ⇨ 페틀

2786 ① ② ③

목이 아프도록 **탄원**하다 입에서?
피가 튀셨어.
☺ 탄원 ⇨ 피티션

2787 ① ② ③

석유를 어떻게 얼려?
페트(병)로 얼리렴.
☺ 석유 ⇨ 퍼트로울리엄

2788 ① ② ③

사소한 일로 싸우다가?
피 튀겼어.

☺ 사소한 ⇨ 페티

2789 ① ② ③

약국에서 일하려면?
파머한 김씨로 변장을 해야 해.

☺ 약국 ⇨ 팔-머시

2790 ① ② ③

지금 회사가 처해있는 **국면**은?
직원의 **페이**(보수)를 줄여야 하는
상황.
☺ 국면 ⇨ 페이즈

2791 ① ② ③

이번에 38선에서 일어난 **사건**은 뭐야?
피난민이 넘어왔다고 하네.
☺ 사건 ⇨ 피나머넌

2792 ① ② ③

철학하는 사람들 모이면?
담배 필라 소파에서 조심해.
☺ 철학 ⇨ 필라서피

2793 ① ② ③

음성학 연구자는 어떻게 유명해졌어?
논문을 펴내, **티**가 나게.
☺ 음성학의 ⇨ 포-네틱

2794 ① ② ③

그 사진 **촬영**은 뭐야?
손을 폈다 피(오)그렸다 다시 피는
모습이야.
☺ 사진 촬영 ⇨ 퍼타그러피

2795 ① ② ③

식물의 **광합성**?
포토(사진)를 신문 한 터에 올려
시스터에게 자랑 했어.
☺ 광합성 ⇨ 포토신티시스

2796 ① ② ③

피가 나는 **육체**를 보고?
그거 피지? 칼에 베인 거야?

☺ 육체의 ⇨ 피지컬

2785 꽃잎	2786 탄원	2787 석유

① ② ③ ④ ⑤	① ② ③ ④ ⑤	① ② ③ ④ ⑤

2788 사소한	2789 약국	2790 국면
	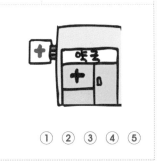	
① ② ③ ④ ⑤	① ② ③ ④ ⑤	① ② ③ ④ ⑤

2791 사건	2792 철학	2793 음성학의

① ② ③ ④ ⑤	① ② ③ ④ ⑤	① ② ③ ④ ⑤

2794 사진 촬영	2795 광합성	2796 육체의

① ② ③ ④ ⑤	① ② ③ ④ ⑤	① ② ③ ④ ⑤

2785	petal [pétl]	① ② ③ ④		꽃잎	① ② ③ ④
2786	petition [pitíʃən]	① ② ③ ④		청원, 탄원	① ② ③ ④
2787	petroleum [pətróuliəm]	① ② ③ ④		석유	① ② ③ ④
2788	petty [péti]	① ② ③ ④		사소한, 속 좁은	① ② ③ ④
2789	pharmacy [fá:rməsi]	① ② ③ ④		조제(술), 약국	① ② ③ ④
2790	phase [feiz]	① ② ③ ④		단계, 국면, 측면	① ② ③ ④
2791	phenomenon [fináminən]	① ② ③ ④		현상, 사건	① ② ③ ④
2792	philosophy [filásəfi]	① ② ③ ④		철학, 원리	① ② ③ ④
2793	phonetic [founétik]	① ② ③ ④		음성의, 음성학의	① ② ③ ④
2794	photography [fətágrəfi]	① ② ③ ④		사진술, 사진촬영	① ② ③ ④
2795	photosynthesis [fòutousínθəsis]	① ② ③ ④		광합성	① ② ③ ④
2796	physical [fízikəl]	① ② ③ ④		육체의, 물질의	① ② ③ ④

✓ STEP 1

2797 ① ② ③

피곤한 **의사**에게?
그거 코피지? 쉬어.
☺ 의사 ⇨ 피지션

2798 ① ② ③

물리적 현상으로 볼 수 있는 것은?
코피가 **지익** 흘러 옷에 스며드는 거.
☺ 물리적 현상 ⇨ 피직스

2799 ① ② ③

생리학적인 알리지를 해결하려면?
담배만 **피지** 않아도 **알리지**가 해결돼.
☺ 생리학 ⇨ 피지알러쥐

2800 ① ② ③

소매치기한 방법은?
조는 사람을 픽 쳐보고 **포켓**을
털었어.
☺ 소매치기 ⇨ 픽파킷

2801 ① ② ③

사진을 볼 때는 뭘 마셨어?
피쳐맥주 마셨어.
☺ 사진 ⇨ 픽철

2802 ① ② ③

창문에 **생생**하게?
비춰진 내 숲을 보고 크하고
감탄했다.
☺ 생생한 ⇨ 픽철레스크

2803 ① ② ③

꽃이 아스팔트를 **관통**해서
피었으!
☺ 관통하다 ⇨ 피얼스

2804 ① ② ③

잔뜩 **쌓아올린** 게 뭐야?
업무 파일이야.
☺ 쌓아올리다 ⇨ 파일

2805 ① ② ③

나그네는 무엇을 먹고 살아?
연필로 그림을 그려서 먹고 살아.
☺ 나그네 ⇨ 필그림

2806 ① ② ③

그 **알약**의 효과는?
피를 멈추게 하는 특효가 있어.
☺ 알약 ⇨ 필

2807 ① ② ③

기둥에는 무엇으로 낙서했어?
연필로 낙서했어.
☺ 기둥 ⇨ 필러

2808 ① ② ③

박힌 못을 **꼭 집어** 빼는 도구는?
펜치!
☺ 꼭 집다 ⇨ 핀취

2797 의사	2798 물리적 현상	2799 생리학

① ② ③ ④ ⑤	① ② ③ ④ ⑤	① ② ③ ④ ⑤

2800 소매치기	2801 사진	2802 생생한

① ② ③ ④ ⑤	① ② ③ ④ ⑤	① ② ③ ④ ⑤

2803 관통하다	2804 쌓아올리다	2805 나그네

① ② ③ ④ ⑤	① ② ③ ④ ⑤	① ② ③ ④ ⑤

2806 알약	2807 기둥	2808 꼭 집다

① ② ③ ④ ⑤	① ② ③ ④ ⑤	① ② ③ ④ ⑤

2797	**physician** [fizíʃən]	① ② ③ ④		의사, 내과의	① ② ③ ④
2798	**physics** [fíziks]	① ② ③ ④		물리학, 물리적 현상	① ② ③ ④
2799	**physiology** [fìziálədʒi]	① ② ③ ④		생리학, 생리 기능	① ② ③ ④
2800	**pickpocket** [píkpàkit]	① ② ③ ④		소매치기하다	① ② ③ ④
2801	**picture** [píktʃər]	① ② ③ ④		그림, 사진, 묘사, 상상	① ② ③ ④
2802	**picturesque** [pìktʃərésk]	① ② ③ ④		그림 같은, 아름다운, 생생한	① ② ③ ④
2803	**pierce** [piərs]	① ② ③ ④		관통하다, 꿰뚫다, 구멍 내다, 스며들다	① ② ③ ④
2804	**pile** [pail]	① ② ③ ④		쌓아올리다, 쌓아올린 것, 더미	① ② ③ ④
2805	**pilgrim** [pílgrim]	① ② ③ ④		순례자, 나그네	① ② ③ ④
2806	**pill** [pil]	① ② ③ ④		알약	① ② ③ ④
2807	**pillar** [pílər]	① ② ③ ④		기둥	① ② ③ ④
2808	**pinch** [pintʃ]	① ② ③ ④		꼬집다, 꼭 집다, 끼다	① ② ③ ④

16

✓ STEP 1

2809 ① ② ③

개척자는 밀림을?
파고 나무를 **뉘어** 개척 했어.

☺ 개척자 ⇨ 파이어니얼

2810 ① ② ③

독실한 신자가 다리를 절뚝거리는 이유?
무릎이 **파였을** 정도로 절을 많이 해서 그래.

☺ 독실한 ⇨ 파이어스

2811 ① ② ③

해적들이 뭘 먹어?
파이를 여럿이서 나눠먹어.

☺ 해적 ⇨ 파이-러트

2812 ① ② ③

가장 멋진 **권총**은 뭐야?
피스톨 권총이야.
☺ 권총 ⇨ 피스틀

2813 ① ② ③

멀리 **던지는** 것은?
피치!(peach/복숭아)
☺ 던지다 ⇨ 피취

2814 ① ② ③

싸우던 동생에게 일어난 **애석한 일**은?
피 튀기도록 얻어맞았어.
☺ 애석한 일 ⇨ 피티

2815 ① ② ③

내 **자리**는 어디에 있어?
풀밭에 이쓰!

☺ 자리 ⇨ 플레이스

2816 ① ② ③

역병이 도는 지역
풀에 들어갔어? 이그!

☺ 역병 ⇨ 플레이그

2817 ① ② ③

알기 쉬운 곳에 잘 진열되어 있는 빵은?
플레인베이글.

☺ 알기 쉬운 ⇨ 플레인

2818 ① ② ③

도면을 알기 쉽게
풀래?
☺ 도면 ⇨ 플랜

2819 ① ② ③

행성에서 온 애는?
플래너트야!
☺ 행성 ⇨ 플래니트

2820 ① ② ③

식물을 심고 있는 건?
플란다스의 개!
☺ 식물 ⇨ 플랜트

2809	개척자	2810	독실한	2811	해적

① ② ③ ④ ⑤　　① ② ③ ④ ⑤　　① ② ③ ④ ⑤

2812	권총	2813	던지다	2814	애석한 일

① ② ③ ④ ⑤　　① ② ③ ④ ⑤　　① ② ③ ④ ⑤

2815	자리	2816	역병	2817	알기 쉬운

① ② ③ ④ ⑤　　① ② ③ ④ ⑤　　① ② ③ ④ ⑤

2818	도면	2819	행성	2820	식물

① ② ③ ④ ⑤　　① ② ③ ④ ⑤　　① ② ③ ④ ⑤

2809	pioneer [páiəniər]	① ② ③ ④		개척자, 선구자	① ② ③ ④
2810	pious [páiəs]	① ② ③ ④		경건한, 독실한	① ② ③ ④
2811	pirate [páiərət]	① ② ③ ④		해적(선), 표절자	① ② ③ ④
2812	pistol [pístl]	① ② ③ ④		피스톨, 권총	① ② ③ ④
2813	pitch [pitʃ]	① ② ③ ④		던지다, 소리의 높낮이	① ② ③ ④
2814	pity [píti]	① ② ③ ④		동정, 애석한 일	① ② ③ ④
2815	place [pleis]	① ② ③ ④		두다, 놓다 , 자리	① ② ③ ④
2816	plague [pléig]	① ② ③ ④		역병, 재앙, 애태우다	① ② ③ ④
2817	plain [plein]	① ② ③ ④		명백한, 알기 쉬운, 보통의	① ② ③ ④
2818	plan [plæn]	① ② ③ ④		계획, 안, 도면	① ② ③ ④
2819	planet [plǽnit]	① ② ③ ④		행성, 유성, 혹성	① ② ③ ④
2820	plant [plænt,plɑ:nt]	① ② ③ ④		심다, 식물, 공장(설비)	① ② ③ ④

✓ STEP 1

2821 ① ② ③

식민지 때 값싼 노동력을 이용한 농업은?
플랜테이션!
☺ 식민지 ⇨ 플랜테이션

2822 ① ② ③

말 재주가 좋은 약장사의 말에 경계가 그만?
풀러져버렸어!
☺ 말 재주가 좋은 ⇨ 플러져벌

2823 ① ② ③

그 **극작가**는?
플레이(연극) 극본을 쓰는데 **라이트**(조명)가 필요해.
☺ 극작가 ⇨ 플레이라이트

2824 ① ② ③

변호하는 변호사에게 하는 부탁한 말은?
제발 **풀리**게 해주세요.
☺ 변호하다 ⇨ 플리-드

2825 ① ② ③

엄마 **제발** 사주세요?
플리즈!
☺ 제발 ⇨ 플리-즈

2826 ① ② ③

담보물로 넘겨준 건물 근처에는?
풀에 쥐 있어.
☺ 담보물 ⇨ 플레쥐

2827 ① ② ③

풀에 **많이** 붙어있는 것은 뭐야?
풀엔 티가 많아.
☺ 많이 ⇨ 플렌티

2828 ① ② ③

종이를 **과다**하게 써서 부족해?
고대 파피루스에 썼던 것처럼 **풀에다 써라.**
☺ 과다 ⇨ 플렌써러

2829 ① ② ③

감동적인 영화 러브스토리의 **줄거리**는 뭐지?
플라토닉 사랑!
☺ 줄거리 ⇨ 플랏

2830 ① ② ③

땅을 갈고 거름을?
플라우!
☺ 땅을 갈다 ⇨ 플라우

2831 ① ② ③

나무에 달린 과일을 **따다가?**
플럭 하고 떨어졌어.
☺ 따다 ⇨ 플럭

2832 ① ② ③

전원을 연결하는 방법은?
컴퓨터 **플러그**를 콘센트에 꽂으면 돼.
☺ 전원에 연결하다 ⇨ 플러그

2821 식민지	2822 말 재주가 좋은	2823 극작가

① ② ③ ④ ⑤   ① ② ③ ④ ⑤   ① ② ③ ④ ⑤

2824 변호하다	2825 제발	2826 담보물

① ② ③ ④ ⑤   ① ② ③ ④ ⑤   ① ② ③ ④ ⑤

2827 많이	2828 과다	2829 줄거리

① ② ③ ④ ⑤   ① ② ③ ④ ⑤   ① ② ③ ④ ⑤

2830 땅을 갈다	2831 따다	2832 전원에 연결하다

① ② ③ ④ ⑤   ① ② ③ ④ ⑤   ① ② ③ ④ ⑤

2821	plantation [plæntéiʃən]	①	②		재배지, 농원, 식민지	①	②
		③	④			③	④
2822	plausible [plɔ́ːzəbəl]	①	②		그럴 듯한, 말 재주가 좋은	①	②
		③	④			③	④
2823	playwright [pláiràit]	①	②		각본가, 극작가	①	②
		③	④			③	④
2824	plead [pliːd]	①	②		변호하다, 이유로 내세우다, 간청하다	①	②
		③	④			③	④
2825	please [pliːz]	①	②		기쁘게 하다, 제발	①	②
		③	④			③	④
2826	pledge [pledʒ]	①	②		서약, 보증, 담보물	①	②
		③	④			③	④
2827	plenty [plénti]	①	②		많음, 충분함	①	②
		③	④			③	④
2828	plethora [pléθərə]	①	②		과다, 과잉	①	②
		③	④			③	④
2829	plot [plɑt]	①	②		음모, 줄거리	①	②
		③	④			③	④
2830	plow [plau]	①	②		땅을 갈다, 일구다, 쟁기	①	②
		③	④			③	④
2831	pluck [plʌk]	①	②		잡아 뜯다, 따다	①	②
		③	④			③	④
2832	plug [plʌg]	①	②		구멍을 막다, 전원에 연결하다, 플러그, 마개	①	②
		③	④			③	④

✓ STEP 1

2833 ① ② ③

배관 공사를 하는데?
나사를 **풀러** 밀어 넣어.
☺ 배관 공사 ⇨ 플러밍

2834 ① ② ③

더운데 머리의 **깃털** 장식 푸는 게 어때?
대머리라서 풀렴은 안 돼.
☺ 깃털 ⇨ 플루-움

2835 ① ② ③

포동포동한 살이 걸을 때마다?
풀렁풀렁거리네.
☺ 포동포동한 ⇨ 플럼프

2836 ① ② ③

방금 하수구에 **뛰어든** 것이 뭐지?
풀렁하고 뛰어든 쥐 한 마리야.
☺ 뛰어들다 ⇨ 플런쥐

2837 ① ② ③

종이로 만든 **명왕성**이 찢어지면
어떻게 해요?
풀루 또 붙이면 돼.
☺ 명왕성 ⇨ 플루토우

2838 ① ② ③

폐렴에 걸려서
누워있는 모녀!
☺ 폐렴 ⇨ 뉴-모우니아

2839 ① ② ③

봉사활동의 **취지**를 살리려면?
따뜻한 마음으로 봉사하는 **포인트**가
중요해.
☺ 취지 ⇨ 포인트

2840 ① ② ③

점포 주인을 **독살한** 이유는?
점포 **이전** 시켜 큰 건물을 지으려고
그랬데.
☺ 독살하다 ⇨ 포이전

2841 ① ② ③

점포 주인이 술에 **중독**된 이유는?
점포 **이전**이 잘 안 돼서.
☺ 중독 ⇨ 포이저닝

2842 ① ② ③

유독한 농약을 마셨대?
포(four,네)번이나 **이자** 넣었어도 빚이
해결 안 돼서 그랬데.
☺ 유독한 ⇨ 포이저너스

2843 ① ② ③

말썽부리는 아이 엉덩이에 **찌르는** 게
뭐야?
포크!
☺ 찌르다 ⇨ 포우크

2844 ① ② ③

막대기를 이용해 장애물을?
포울짝 뛰어 넘네!
☺ 막대기 ⇨ 포울

23

2833 배관 공사	2834 깃털	2835 포동포동한

① ② ③ ④ ⑤	① ② ③ ④ ⑤	① ② ③ ④ ⑤

2836 뛰어들다	2837 명왕성	2838 폐렴

① ② ③ ④ ⑤	① ② ③ ④ ⑤	① ② ③ ④ ⑤

2839 취지	2840 독살하다	2841 중독

① ② ③ ④ ⑤	① ② ③ ④ ⑤	① ② ③ ④ ⑤

2842 유독한	2843 찌르다	2844 막대기

① ② ③ ④ ⑤	① ② ③ ④ ⑤	① ② ③ ④ ⑤

2833	plumbing [plʌ́miŋ]	① ② ③ ④		배관 공사	① ② ③ ④
2834	plume [plu:m]	① ② ③ ④		깃털(장식)	① ② ③ ④
2835	plump [plʌmp]	① ② ③ ④		부푼, 포동포동한	① ② ③ ④
2836	plunge [plʌndʒ]	① ② ③ ④		던져 넣다, 뛰어들다, 돌진, 착수	① ② ③ ④
2837	Pluto [plú:tou]	① ② ③ ④		명왕성	① ② ③ ④
2838	pneumonia [njumóunjə]	① ② ③ ④		폐렴	① ② ③ ④
2839	point [pɔint]	① ② ③ ④		뾰족한 끝, 점, 요점, 취지	① ② ③ ④
2840	poison [pɔ́izən]	① ② ③ ④		독, 독약, 독살하다	① ② ③ ④
2841	poisoning [pɔ́izəniŋ]	① ② ③ ④		독살, 중독	① ② ③ ④
2842	poisonous [pɔ́izənəs]	① ② ③ ④		유독한, 유해한	① ② ③ ④
2843	poke [pouk]	① ② ③ ④		찌르다, 불쑥 내밀다	① ② ③ ④
2844	pole [poul]	① ② ③ ④		막대기, 기둥	① ② ③ ④

✓ STEP 1

2845 ① ② ③

신도시 정책 때문에 어디 갔어?
땅 팔러 시골에 갔어.
☺ 정책 ⇨ 팔러시

2846 ① ② ③

소아마비 아이들이 그린 것?
포트폴리오!
☺ 소아마비 ⇨ 포올리오

2847 ① ② ③

손톱에 매니큐어를 발라 윤을 내고?
빨리 마르라고 쉬~ 하며 불어야 해.
☺ 윤을 내다 ⇨ 팔리쉬

2848 ① ② ③

손님들에게 예의 바른 나이트?
펄 나이트!

☺ 예의 바른 ⇨ 펄라이트

2849 ① ② ③

분별 있는 사람들은 어떻게 행동해?
팔러 다녀도 틱틱 거리지 않아.

☺ 분별 있는 ⇨ 팔러틱

2850 ① ② ③

정치적인 사람들은 어때?
얼굴 팔리지 않게 작은 티끌도 만들지
않아.
☺ 정치적인 ⇨ 펄리티컬

2851 ① ② ③

정치학 시험을 잘 볼 수 있게 하려면?
빨리 팁을 주세요.
☺ 정치학 ⇨ 팔리틱스

2852 ① ② ③

투표함을 열자 용지들이?
폴폴 떨어지네.
☺ 투표 ⇨ 포울

2853 ① ② ③

화분(꽃가루)이 눈에 들어가면?
팔로 얼른 문질러서 물로 씻어내.
☺ 화분 ⇨ 팔런

2854 ① ② ③

타락한 그는 마약을?
팔 루트(방법)를 구상중이야.
☺ 타락시키다 ⇨ 펄루-트

2855 ① ② ③

어민은 오염된?
개펄에 누우셔선 시위를 해.
☺ 오염 ⇨ 펄루-션

2856 ① ② ③

삐뚤삐뚤한 다각형은?
급해서 빨리 그은 다각형이야.
☺ 다각형 ⇨ 팔리간

| 2845 | 정책 | 2846 | 소아마비 | 2847 | 윤을 내다 |

① ② ③ ④ ⑤   ① ② ③ ④ ⑤   ① ② ③ ④ ⑤

| 2848 | 예의 바른 | 2849 | 분별 있는 | 2850 | 정치적인 |

① ② ③ ④ ⑤   ① ② ③ ④ ⑤   ① ② ③ ④ ⑤

| 2851 | 정치학 | 2852 | 투표 | 2853 | 화분 |

① ② ③ ④ ⑤   ① ② ③ ④ ⑤   ① ② ③ ④ ⑤

| 2854 | 타락시키다 | 2855 | 오염 | 2856 | 다각형 |

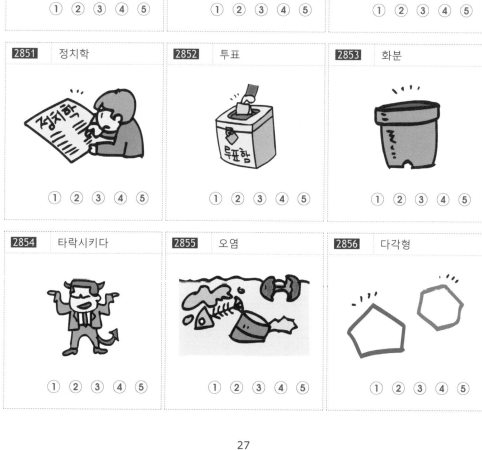

① ② ③ ④ ⑤   ① ② ③ ④ ⑤   ① ② ③ ④ ⑤

No.	단어	① ② ③ ④		뜻	① ② ③ ④
2845	policy [páləsi]	① ② ③ ④		정책, 방침	① ② ③ ④
2846	polio [póuliòu]	① ② ③ ④		소아마비	① ② ③ ④
2847	polish [páliʃ/pɔ́l-]	① ② ③ ④		닦다, 윤을 내다, 다듬다, 광택(제)	① ② ③ ④
2848	polite [pəláit]	① ② ③ ④		예의 바른, 세련된	① ② ③ ④
2849	politic [pálətik]	① ② ③ ④		분별 있는, 현명한	① ② ③ ④
2850	political [pəlitikəl]	① ② ③ ④		정치적인, 정치학의	① ② ③ ④
2851	politics [pálitiks]	① ② ③ ④		정치(학)	① ② ③ ④
2852	poll [poul]	① ② ③ ④		투표, 집계	① ② ③ ④
2853	pollen [pálən]	① ② ③ ④		꽃가루, 화분	① ② ③ ④
2854	pollute [pəlúːt]	① ② ③ ④		더럽히다, 타락시키다, 폭행하다	① ② ③ ④
2855	pollution [pəlúːʃən]	① ② ③ ④		오염, 공해, 타락	① ② ③ ④
2856	polygon [páligàn]	① ② ③ ④		다각형, 다변형	① ② ③ ④

✓ STEP 1

2857 ① ② ③

저 **화려**한 책자는 뭐지?
팜플렛이야.
☺ 화려 ⇨ 팜프

2858 ① ② ③

숙고해서 골라야하는 것은?
폰도 살 때는 숙고해야 돼.
☺ 숙고하다 ⇨ 판덜

2859 ① ② ③

인기 있는 노래가 뭐지?
팝(pop) 불러!
☺ 인기 ⇨ 파펄래러티

2860 ① ② ③

먼 곳**에 살다** 보니까 매일 늦어?
바쁘-레잇(늦는)하는 경우가 많아.
☺ -에 살다 ⇨ 파펄레일

2861 ① ② ③

비싼 **자기**를 선물 받더니?
포(Four,네)번이나 **설레**인다.
☺ 자기 ⇨ 포-설린

2862 ① ② ③

내가 문을 열어주지 않자 **현관**에는?
풀이 **치**하며 서있네.
☺ 현관 ⇨ 포-취

2863 ① ② ③

돼지고기를 찍어 먹을 때 쓰는
도구는?
포크!
☺ 돼지고기 ⇨ 포-크

2864 ① ② ③

인천에 **항구**가 있고, 또 무엇이 있어?
에어**포트**가 있어.
☺ 항구 ⇨ 포-트

2865 ① ② ③

들고 다닐 수 있는 마법지팡이는 어떤
영화에 나와?
'해리 **포터** 불의 잔'
☺ 들고 다닐 수 있는 ⇨ 포-터블

2866 ① ② ③

일한 **몫**으로 쌀을 어떻게 나누어 줘?
바가지로 **퍼서** 나누어 줘.
☺ 몫 ⇨ 포-션

2867 ① ② ③

초상화를 널리?
퍼뜨리레잇!
☺ 초상화 ⇨ 포-트레이트

2868 ① ② ③

그림 **그리는** 것처럼 섬세하게 생선을
얇게 써는 것?
포 떠라 이!
☺ 그리다 ⇨ 포-트레이

29

2857 화려	2858 숙고하다	2859 인기

① ② ③ ④ ⑤	① ② ③ ④ ⑤	① ② ③ ④ ⑤

2860 ~에 살다	2861 자기	2862 현관

① ② ③ ④ ⑤	① ② ③ ④ ⑤	① ② ③ ④ ⑤

2863 돼지고기	2864 항구	2865 들고 다닐 수 있는

① ② ③ ④ ⑤	① ② ③ ④ ⑤	① ② ③ ④ ⑤

2866 몫	2867 초상화	2868 그리다

① ② ③ ④ ⑤	① ② ③ ④ ⑤	① ② ③ ④ ⑤

2857	pomp [pamp]	① ② ③ ④		화려, 허식	① ② ③ ④
2858	ponder [pándər]	① ② ③ ④		숙고하다, 신중히 고려하다	① ② ③ ④
2859	popularity [papjulǽrəti]	① ② ③ ④		인기, 유행, 대중성	① ② ③ ④
2860	populate [pápjəlèit]	① ② ③ ④		~에 거주케 하다, ~에 살다	① ② ③ ④
2861	porcelain [pɔ́:rsəlin]	① ② ③ ④		자기(제품), 깨지기 쉬운	① ② ③ ④
2862	porch [pɔ:rtʃ]	① ② ③ ④		현관, 차대는 곳	① ② ③ ④
2863	pork [pɔ:rk]	① ② ③ ④		돼지고기	① ② ③ ④
2864	port [pɔ:rt]	① ② ③ ④		항구, 무역항	① ② ③ ④
2865	portable [pɔ́:rtəbl]	① ② ③ ④		들고 다닐 수 있는, 휴대용의	① ② ③ ④
2866	portion [pɔ́:rʃən]	① ② ③ ④		한 조각, 일부, 몫, 운명	① ② ③ ④
2867	portrait [pɔ́:rtreit]	① ② ③ ④		초상(화), 상세한 묘사	① ② ③ ④
2868	portray [pɔ:rtréi]	① ② ③ ④		그리다, 묘사하다	① ② ③ ④

2869 ① ② ③

자세가 엉성해서 인기 떨어진 모델은?
포즈를 고치면 돼.
☺ 자세 ⇨ 포우즈

2870 ① ② ③

선수들은 경기할 때 무엇에 따라 **위치**해?
포지션에 따라.
☺ 위치 ⇨ 퍼지션

2871 ① ② ③

긍정적이고 잘생긴 주인공이 나오면~
빠져 **TV**에!
☺ 긍정적인 ⇨ 파저티브

2872 ① ② ③

하인을 **소유한** 주인이 금화를
발견하더니?
퍼 담아, **재수** 좋다.
☺ 소유하다 ⇨ 퍼제스

2873 ① ② ③

자손에게 물려줄 것이 뭐야?
파스텔 어디 뒀었지?
☺ 자손 ⇨ 파스테러티

2874 ① ② ③

시험을 **연기한다**는 것을?
포스트를 보고 친구에게 **폰**으로
알려줬어.
☺ 연기하다 ⇨ 포우스트포운

2875 ① ② ③

파스텔을 어지르는 동생에게 위협적
태도로 꾸짖는 말은?
파스텔 치워!

☺ 태도 ⇨ 파스쳐

2876 ① ② ③

세력 있는 포병이 되려면?
포가 **튼튼**하면 돼.

☺ 세력 있는 ⇨ 포우턴트

2877 ① ② ③

포가 터질 **잠재력**이 있을 때 지휘관은
어떻게 명령해?
포 멀리서 **텐**(ten,열)을 **세** 안전을
확인하라!
☺ 잠재력 ⇨ 퍼텐셜

2878 ① ② ③

도기 제조법을 알려주시면?
파 떨이로 드릴게요.
☺ 도기 제조법 ⇨ 파터리

2879 ① ② ③

세게 두드리다의 뜻도 있는 단어는?
영국의 화폐 단위 **파운드!**
☺ 세게 두드리다 ⇨ 파운드

2880 ① ② ③

그 친구 술을 막 **쏟는** 이유는?
술을 하도 **퍼**마셔서 제 정신이 아니야.
☺ 쏟다 ⇨ 포얼

2869 자세	2870 위치	2871 긍정적인

① ② ③ ④ ⑤   ① ② ③ ④ ⑤   ① ② ③ ④ ⑤

2872 소유하다	2873 자손	2874 연기하다

시험 연기

① ② ③ ④ ⑤   ① ② ③ ④ ⑤   ① ② ③ ④ ⑤

2875 태도	2876 세력 있는	2877 잠재력

① ② ③ ④ ⑤   ① ② ③ ④ ⑤   ① ② ③ ④ ⑤

2878 도기 제조법	2879 세게 두드리다	2880 쏟다

① ② ③ ④ ⑤   ① ② ③ ④ ⑤   ① ② ③ ④ ⑤

		①	②			①	②
2869	**pose** [pouz]	③	④		자세(를 취하다), 마음가짐, 제기하다	③	④
2870	**position** [pəzíʃən]	①	②		위치, 처지, 지위, 상태	①	②
		③	④			③	④
2871	**positive** [pázətiv]	①	②		긍정적인, 적극적인	①	②
		③	④			③	④
2872	**possess** [pəzés]	①	②		소유하다, 갖추다, 억제하다	①	②
		③	④			③	④
2873	**posterity** [pastérəti]	①	②		자손, 후세	①	②
		③	④			③	④
2874	**postpone** [poustpóun]	①	②		연기하다, 늦추다	①	②
		③	④			③	④
2875	**posture** [pástʃər]	①	②		자세, 태도, 사태(정세)	①	②
		③	④			③	④
2876	**potent** [póutənt]	①	②		세력 있는, 설득력 있는, 효험 있는	①	②
		③	④			③	④
2877	**potential** [pəténʃəl]	①	②		잠재적인, 가능성 있는, 잠재력	①	②
		③	④			③	④
2878	**pottery** [pátəri]	①	②		도기(제조법)	①	②
		③	④			③	④
2879	**pound** [paund]	①	②		세게 두드리다, 심장이 고동치다, 파운드(무게, 화폐단위)	①	②
		③	④			③	④
2880	**pour** [pɔːr]	①	②		쏟다, 따르다, 흐르다	①	②
		③	④			③	④

✓ STEP 1

2881 ① ② ③

그 정당의 경제력이 **결핍**된 이유는?
파벌이 눈에 띄게 많아 싸움만
하다가.

☺ 결핍 ⇨ 파벌티

2882 ① ② ③

헌혈 **홍보활동** 방법은?
제발 피를 주세요! 하고 큰소리로
알려!

☺ 홍보 활동 ⇨ 파블릭릴레이션스(피알)

2883 ① ② ③

이 기계의 **실용적인** 면은?
풀에 떨어진 잔디를 **티끌** 없이
빨아들여!

☺ 실용적인 ⇨ 프랙티컬

2884 ① ② ③

축구 **연습**을 너무 열심히 하다가?
풀에 **틱** 쓰러졌어!

☺ 연습 ⇨ 프랙티스

2885 ① ② ③

그 축구선수를 **칭찬**하신 이유는?
프로처럼 페어플레이를 하기 때문이야.

☺ 칭찬 ⇨ 프레이즈

2886 ① ② ③

한국축구팀이 이기기를 **기도할** 때는?
플레이 플레이 코리아!

☺ 기도하다 ⇨ 프레이

2887 ① ② ③

기도를 들으려면?
시디 **플레이어**로 들어.

☺ 기도 ⇨ 프레얼

2888 ① ② ③

귀찮게 도를 **설교**하는 사람을
피하려면?
바쁘다고 냉정하게 **뿌리치면** 돼.

☺ 설교하다 ⇨ 프리-취

2889 ① ② ③

근거 없는 소문을 없앤 방법은 뭐야?
그 진원지를 **뿌리째 케어** 버렸어.

☺ 근거 없는 ⇨ 프리케어리어스

2890 ① ② ③

풀이 나게 하려면 **우선 해야** 할 것은?
풀이 날려면 우선 **씨도** 뿌려야지.

☺ ~에 우선하다 ⇨ 프리-시-드

2891 ① ② ③

귀중한 보석을 옮기다 힘들어서?
풀에 앉아서 **쉬었으.**

☺ 귀중한 ⇨ 프레셔스

2892 ① ② ③

아무나 입어도 **정확하게** 맞는 옷을
뭐라고 해?
프리 사이즈 옷!

☺ 정확한 ⇨ 프리사이스

2881 결핍	2882 홍보 활동	2883 실용적인

① ② ③ ④ ⑤　　① ② ③ ④ ⑤　　① ② ③ ④ ⑤

2884 연습	2885 칭찬	2886 기도하다

① ② ③ ④ ⑤　　① ② ③ ④ ⑤　　① ② ③ ④ ⑤

2887 기도	2888 설교하다	2889 근거 없는

① ② ③ ④ ⑤　　① ② ③ ④ ⑤　　① ② ③ ④ ⑤

2890 ~에 우선하다	2891 귀중한	2892 정확한

① ② ③ ④ ⑤　　① ② ③ ④ ⑤　　① ② ③ ④ ⑤

2881	poverty [pávərti]	① ② ③ ④		가난, 결핍	① ② ③ ④
2882	PR(Public Relations) [piɑ:r]	① ② ③ ④		홍보 활동	① ② ③ ④
2883	practical [præktikəl]	① ② ③ ④		실제의, 실용적인	① ② ③ ④
2884	practice [præktis]	① ② ③ ④		실행(하다), 연습(하다), 습관	① ② ③ ④
2885	praise [preiz]	① ② ③ ④		칭찬하다, 찬양하다, 칭찬	① ② ③ ④
2886	pray [prei]	① ② ③ ④		간원하다, 빌다, 기도하다	① ② ③ ④
2887	prayer [prɛər]	① ② ③ ④		기도, 소원	① ② ③ ④
2888	preach [pri:tʃ]	① ② ③ ④		설교하다, 전도하다, 주창하다	① ② ③ ④
2889	precarious [prikɛəriəs]	① ② ③ ④		불확실한, 근거 없는	① ② ③ ④
2890	precede [prisi:d]	① ② ③ ④		선행하다, ~에 우선하다	① ② ③ ④
2891	precious [préʃəs]	① ② ③ ④		비싼, 귀중한, 사랑스러운	① ② ③ ④
2892	precise [prisáis]	① ② ③ ④		정밀한, 정확한	① ② ③ ④

✓ STEP 1

2893 ① ② ③

어른다운 그 아이는?
향수를 **뿌리고** 셔츠를 폼 나게 입어.
☺ 어른다운 ⇨ 프리코우셔스

2894 ① ② ③

육식동물이 더러 등산로에 나타나?
등산로 풀 속에 대따 나타나니 조심해.
☺ 육식동물 ⇨ 프레더터

2895 ① ② ③

전임자의 소가 잘 싸우는 이유는?
뿔이 더 세서 잘 싸워!
☺ 전임자 ⇨ 프레디세셜

2896 ① ② ③

풀이 어디 있다고 **예언했어?**
풀이 뒤뜰에 있다고 했어.

☺ 예언하다 ⇨ 프리딕트

2897 ① ② ③

유력한 연기 대상 후보는?
인사 때 허리 구푸리다 머리 부딪친
탤런트.
☺ 유력한 ⇨ 프리다머넌트

2898 ① ② ③

조립식으로 만든 공을 찼더니?
프리패스한 공에 **바리케이트가**
부서졌어.
☺ 조립식으로 만들다 ⇨
프리-페브릭케이트

2899 ① ② ③

그의 비평 글 **머리말**은 어땠어?
혹독하여 풀에 피가 스민 듯
무서웠어.
☺ 머리말 ⇨ 프레피스

2900 ① ② ③

소는 사료를 어떻게 주는 **쪽을 더
좋아해?**
사료를 풀에 퍼 얹어 주는 것.
☺ ~쪽을 더 좋아하다 ⇨ 프리퍼-

2901 ① ② ③

풀에 **가득 차** 있는 게 뭐지?
풀에 그놈들 가출했나봐, 밤늦도록
저러네.
☺ ~이 가득 찬 ⇨ 프레그넌트

2902 ① ② ③

편견 갖지 말라고
풀어줘, 디스 담배 핀 학생들
반성하잖아.

☺ 편견 ⇨ 프레져디스

2903 ① ② ③

임시로 심은 나무가 잘 안 빠지네?
뿌릴 이미 내리고 있어서 그래.

☺ 임시의 ⇨ 프릴리머네리

2904 ① ② ③

누가 이기는지 내기해보자 단, **전제**가 뭐야?
경기에서 풀에 넘어지는 **미스(실수)**가
있는 쪽이 득점에 상관없이 지는
거야.
☺ 전제 ⇨ 프레미스

2893 어른다운	2894 육식동물	2895 전임자
① ② ③ ④ ⑤	① ② ③ ④ ⑤	① ② ③ ④ ⑤

2896 예언하다	2897 유력한	2898 조립식으로 만들다
① ② ③ ④ ⑤	① ② ③ ④ ⑤	① ② ③ ④ ⑤

2899 머리말	2900 ~쪽을 더 좋아하다	2901 ~이 가득 찬
① ② ③ ④ ⑤	① ② ③ ④ ⑤	① ② ③ ④ ⑤

2902 편견	2903 임시의	2904 전제
① ② ③ ④ ⑤	① ② ③ ④ ⑤	① ② ③ ④ ⑤

2893	precocious [prikóuʃəs]	①	②		조숙된, 어른다운	①	②
		③	④			③	④
2894	predator [prédətər]	①	②		약탈자, 육식동물	①	②
		③	④			③	④
2895	predecessor [predisésər]	①	②		전임자, 선배	①	②
		③	④			③	④
2896	predict [pridikt]	①	②		예언하다, 예보하다	①	②
		③	④			③	④
2897	predominant [pridámənənt]	①	②		뛰어난, 유력한	①	②
		③	④			③	④
2898	prefabricate [pri:fǽbrikèit]	①	②		미리 제조하다, 조립식으로 만들다	①	②
		③	④			③	④
2899	preface [préfis]	①	②		서문, 머리말	①	②
		③	④			③	④
2900	prefer [prifə́:r]	①	②		~쪽을 더 좋아하다, 등용하다	①	②
		③	④			③	④
2901	pregnant [prégnənt]	①	②		임신한, ~이 가득 찬	①	②
		③	④			③	④
2902	prejudice [prédʒudis]	①	②		편견, 선입견, 손해	①	②
		③	④			③	④
2903	preliminary [prilímənèri]	①	②		예비의, 임시의, 서문의	①	②
		③	④			③	④
2904	premise [prémis]	①	②		전제	①	②
		③	④			③	④

✓ STEP 1

2905 ① ② ③

가위 바위 보에서 이기는 사람이 큰
파이를 **선취하는** 거야?
프리(인명)야, 큰 파이를 먹고 싶으면
꼭 이겨야 돼, 알았지?
☺ 선취하다 ⇨ 프리-악켜파이

2906 ① ② ③

과일을 **준비해야**하는데 과일이 없네?
프리(인명)야, 페어(배) 좀 사와라!

☺ 준비하다 ⇨ 프리페어

2907 ① ② ③

너 잘 때 **미리 녹음해둔** 것 있어,
들어볼래?
내가 **프리리**하며 **코도** 골았어?

☺ 미리 녹음 해두다 ⇨
프리-리콜디드

2908 ① ② ③

아이가 다니는 **유치원**은 어디에
있나요?
저기, **풀이** 가득한 **스쿨** 뒤에요.
☺ 유치원 ⇨ 프리-스쿨

2909 ① ② ③

노래할 때 **규정하고 있는** 것은?
프리스쿨(자유학교)에서는 **라이브** 해야
해.
☺ 규정하다 ⇨ 프리스크라이브

2910 ① ② ③

풀에 스친 상처에 어떤 **처방**을 했어?
풀이 스친 상처는 **크림**을 **시원**하게
바르라고 했어.
☺ 처방 ⇨ 프리스크립션

2911 ① ② ③

선물 누구에게 한 거야?
프리(인명)가 **젠틀맨(신사)**에게 한
거야.
☺ 선물 ⇨ 프리젠트

2912 ① ② ③

보존하던 풀에 어떻게 다쳤어?
풀에 저절로 **베이**셨어.

☺ 보존 ⇨ 프레저베이션

2913 ① ② ③

보호하는 잔디밭에서 배구하는
친구에게
그 **풀**에 서브하면 안 돼.
☺ 보호하다 ⇨ 프리저-브

2914 ① ② ③

대통령은 축구팀이 저서 어떻게 했어?
뿔내지, 물건 던지고 **트집** 잡고.

☺ 대통령 ⇨ 프레지던트

2915 ① ② ③

손에 **꽉 쥔** 것은 뭐야?
풀에서 잡은 벌레야.

☺ 꽉 쥐다 ⇨ 프레스

2916 ① ② ③

그 군인은 **명성**을 어떻게 얻었어?
풀에서 **튀지** 않게 숨어 있다가 적군을
많이 생포했데.
☺ 명성 ⇨ 프레스티-쥐

2905 선취하다	2906 준비하다	2907 미리 녹음 해두다
① ② ③ ④ ⑤	① ② ③ ④ ⑤	① ② ③ ④ ⑤
2908 유치원	2909 규정하다	2910 처방
① ② ③ ④ ⑤	① ② ③ ④ ⑤	① ② ③ ④ ⑤
2911 선물	2912 보존	2913 보호하다
① ② ③ ④ ⑤	① ② ③ ④ ⑤	① ② ③ ④ ⑤
2914 대통령	2915 꽉 쥐다	2916 명성
① ② ③ ④ ⑤	① ② ③ ④ ⑤	① ② ③ ④ ⑤

2905	**preoccupy** [pri:ákjuəpai]	① ② ③ ④		선취하다 몰두시키다	① ② ③ ④
2906	**prepare** [pripέər]	① ② ③ ④		준비하다(시키다), 작성하다	① ② ③ ④
2907	**prerecorded** [prì:rikɔ́:rd]	① ② ③ ④		미리 녹음(녹화) 해두다	① ② ③ ④
2908	**preschool** [prí:skúːl]	① ② ③ ④		취학 전의, 유치(아)원	① ② ③ ④
2909	**prescribe** [priskráib]	① ② ③ ④		규정하다, 처방을 쓰다	① ② ③ ④
2910	**prescription** [priskrípʃən]	① ② ③ ④		명령, 법규, 처방(전)	① ② ③ ④
2911	**present** [prizént]	① ② ③ ④		주다, 선물, 출석한, 현재의	① ② ③ ④
2912	**preservation** [prèzərvéiʃən]	① ② ③ ④		보존(상태), 저장	① ② ③ ④
2913	**preserve** [prizə́:rv]	① ② ③ ④		보호하다, 보존하다, 유지하다	① ② ③ ④
2914	**president** [prézidənt]	① ② ③ ④		대통령, 장	① ② ③ ④
2915	**press** [pres]	① ② ③ ④		누르다, 꽉 쥐다, 압박하다, 강조하다	① ② ③ ④
2916	**prestige** [prestíːʒ]	① ② ③ ④		위신, 명성	① ② ③ ④

✓ STEP 1

2917 ① ② ③

스스로 **생각해서** 풀어야하는데?
아이들의 문제 **풀이** 좀 도와주세요.
☺ 생각하다 ⇨ 프리쥬-움

2918 ① ② ③

들키지 않게 **가장하는** 방법은?
풀이 텐트를 가릴 수 있는 곳에
숨으면 돼.
☺ 가장하다 ⇨ 프리텐드

2919 ① ② ③

몸에 좋다고 **유행하는** 풀이 왜 안
보여?
풀이 베일에 가려져 있거든.
☺ 유행하다 ⇨ 프리베일

2920 ① ② ③

주사를 맞아 미리 **예방하는** 이유는?
놀다가 풀이 살을 **벤** 듯하면 곪아.
☺ 예방하다 ⇨ 프리벤트

2921 ① ② ③

이전의 집주인이 풀 때문에 다쳤다며?
응, 날카로운 풀에 비었어.
☺ 이전의 ⇨ 프리비어스

2922 ① ② ③

개구리가 잘 먹는 **먹이**는?
풀에 있는 **이**를 먹고 살아.
☺ 먹이 ⇨ 프레이

2923 ① ② ③

손님들에게 대단히 **귀중한** 것은?
프라이스(가격) **리스트**!
☺ 귀중한 ⇨ 프라이슬리스

2924 ① ② ③

뭘 먹었다고 **자랑해**?
프라이드치킨.
☺ 자랑 ⇨ 프라이드

2925 ① ② ③

달걀프라이를 만드는 **원시적인** 방법?
달걀프라이 할 때 **머리**로 달걀을 깨.
☺ 원시적인 ⇨ 프라이메리

2926 ① ② ③

대주교는 무슨 요일에 룸메이트를
만났어요?
프라이데이(Friday)에 룸**메이트**를
만났어.
☺ 대주교 ⇨ 프라이메이트

2927 ① ② ③

영어 공부할 때 **훌륭한** 사전은?
나는 **프라임** 영한사전이 좋았어.
☺ 훌륭한 ⇨ 프라임

2928 ① ② ③

국무총리도 영어 공부 할 때?
프라임 사전으로 **미니 스타** 뜻을
찾아봐.
☺ 국무총리 ⇨ 프라임미니스털

2917 생각하다	2918 가장하다	2919 유행하다

① ② ③ ④ ⑤ ① ② ③ ④ ⑤ ① ② ③ ④ ⑤

2920 예방하다	2921 이전의	2922 먹이

① ② ③ ④ ⑤ ① ② ③ ④ ⑤ ① ② ③ ④ ⑤

2923 귀중한	2924 자랑	2925 원시적인

① ② ③ ④ ⑤ ① ② ③ ④ ⑤ ① ② ③ ④ ⑤

2926 대주교	2927 훌륭한	2928 국무총리

① ② ③ ④ ⑤ ① ② ③ ④ ⑤ ① ② ③ ④ ⑤

2917	presume [prizú:m]	① ② ③ ④		추정하다 생각하다	① ② ③ ④
2918	pretend [priténd]	① ② ③ ④		~인 체하다, 가장하다	① ② ③ ④
2919	prevail [privéil]	① ② ③ ④		보급하다, 유행하다, 이기다, 우세하다, 설득하다	① ② ③ ④
2920	prevent [privént]	① ② ③ ④		막다, 예방하다	① ② ③ ④
2921	previous [prívias]	① ② ③ ④		이전의, 앞선	① ② ③ ④
2922	prey [prei]	① ② ③ ④		잡아먹다, 먹이, 희생	① ② ③ ④
2923	priceless [práislis]	① ② ③ ④		대단히 귀중한	① ② ③ ④
2924	pride [praid]	① ② ③ ④		자랑, 자만심	① ② ③ ④
2925	primary [práimari]	① ② ③ ④		제 1의, 주요한, 초기의, 원시적인	① ② ③ ④
2926	primate [práimeit]	① ② ③ ④		대주교	① ② ③ ④
2927	prime [praim]	① ② ③ ④		첫째의, 일류의, 훌륭한	① ② ③ ④
2928	prime minister [praimminista r]	① ② ③ ④		국무총리, 수상	① ② ③ ④

✓ STEP 1

2929 ① ② ③

원시 시대 식물을 보았어?
희귀한 풀이 뭐~ TV에 나왔다고 해서 봤어.
☺ 원시의 ⇨ 프리머티브

2930 ① ② ③

풀이 자라는 자연의 **원리**는?
뿌린 씨는 풀이 되어 자라.
☺ 원리 ⇨ 프린서펄

2931 ① ② ③

앞 사람이 먹는 건?
달걀 **프라이여**!
☺ 앞 ⇨ 프라이얼

2932 ① ② ③

감옥에는?
풀이 좀 자랐어!

☺ 감옥 ⇨ 프리즌

2933 ① ② ③

아기가 **사생활**이 어딨어?
엄마! 그래도 **프라이버시**는
지켜줘야지!
☺ 사생활 ⇨ 프라이버시

2934 ① ② ③

주어지는 **특권**은?
주말여행을 풀이 멋진 **빌리지**에서
보낼 수 있는 특권!
☺ 특권 ⇨ 프리벌리쥐

2935 ① ② ③

있음직한 **확률** 중 낮은 것은?
프라하에 바빌탑이 있을 확률!

☺ 확률 ⇨ 프라버빌러티

2936 ① ② ③

있음직한 이야기보따리 어떻게 할까?
좀 **풀어봐불**!(풀어봐 버리지)

☺ 있음직함 ⇨ 프라버블

2937 ① ② ③

부정행위를 **면밀히 조사하기** 위하여
선생님은?
문제 다시 **풀어봐**!
☺ 면밀히 조사하다 ⇨ 프로웁

2938 ① ② ③

순서대로 풀을래?
싫어! 쉬운 거부터 **풀어! 시져**!(싫어)!

☺ 순서 ⇨ 프러시-져

2939 ① ② ③

농사를 어떻게 **진행하라**고 했나요?
프로에게 씨를 드렸더니 잘
진행했어요.
☺ 진행하다 ⇨ 프러시-드

2940 ① ② ③

원재료 **가공 처리하는**데 뛰어난
사람은?
프로인 세스씨!
☺ 가공 처리하다 ⇨ 프라세스

47

2929 원시의	2930 원리	2931 앞

① ② ③ ④ ⑤	① ② ③ ④ ⑤	① ② ③ ④ ⑤

2932 감옥	2933 사생활	2934 특권

① ② ③ ④ ⑤	① ② ③ ④ ⑤	① ② ③ ④ ⑤

2935 확률	2936 있음직함	2937 면밀히 조사하다
① ② ③ ④ ⑤	① ② ③ ④ ⑤	① ② ③ ④ ⑤

2938 순서	2939 진행하다	2940 가공 처리하다

① ② ③ ④ ⑤	① ② ③ ④ ⑤	① ② ③ ④ ⑤

2929	primitive [primətiv]	① ② ③ ④		원시의, 원시적인	① ② ③ ④
2930	principle [prínsəpəl]	① ② ③ ④		원리, 원칙	① ② ③ ④
2931	prior [praiər]	① ② ③ ④		앞(전)의, 우선적인	① ② ③ ④
2932	prison [prízn]	① ② ③ ④		감옥, 교도소	① ② ③ ④
2933	privacy [práivəsi]	① ② ③ ④		사생활, 프라이버시	① ② ③ ④
2934	privilege [privilidʒ]	① ② ③ ④		특권, 특전	① ② ③ ④
2935	probability [pràbəbíləti]	① ② ③ ④		있음직함, 확률	① ② ③ ④
2936	probable [prábəbəl]	① ② ③ ④		개연적인, 있음직함	① ② ③ ④
2937	probe [proub]	① ② ③ ④		탐사하다, 면밀히 조사하다	① ② ③ ④
2938	procedure [prəsí:dʒər]	① ② ③ ④		순서, 절차	① ② ③ ④
2939	proceed [prəsí:d]	① ② ③ ④		나아가다, 진행하다, 착수하다	① ② ③ ④
2940	process [práses/próu-]	① ② ③ ④		(가공) 처리하다, 과정, 진행	① ② ③ ④

✓ STEP 1

2941 ① ② ③

아이를 보고 뭐라고 **선언했지?**
프로로 클 애임!

☺ 선언하다 ⇨ 프러클레임

2942 ① ② ③

보증금을 어떻게 **조달했어?**
프로사채업자에게 돈을 **꾸어**
조달했어.

☺ 조달하다 ⇨ 프러큐어

2943 ① ② ③

돈을 **낭비** 하는 그녀의 별명은
'프라다 걸'이야.

☺ 낭비하는 ⇨ 프라디걸

2944 ① ② ③

천재로 불리던 그 프로 요즘
안보이네?
그 프로 **뒤졌어.**(돌아가셨어요)

☺ 천재 ⇨ 프라더쥐

2945 ① ② ③

이 유기농 **농산물**은 어떻게 재배했니?
자연 그대로 **풀어** 두었어.

☺ 농산물 ⇨ 프러듀-스

2946 ① ② ③

공장 **생산성**이?
오래 일한 **프로덕**에 버티고 버티고
있대.

☺ 생산성 ⇨ 프로우덕티버티

2947 ① ② ③

그 사람이 **고백**한 내용은?
자신이 프로를 패션(패서) 다치게
했다고.

☺ 직업, 고백 ⇨ 프러페션

2948 ① ② ③

구두 만드는 **전문기술**을 가진 그녀를?
프로페셔널이라고 요즘 불러.

☺ 전문 기술 ⇨ 프로페셔널리점

2949 ① ② ③

저 선수 공치는 솜씨 **능숙하네?**
그 **프로** 선수는 피나는 손으로도
시원한 홈런을 날리기 위해 많은
연습을 했어.

☺ 능숙 ⇨ 프러피션시

2950 ① ② ③

체조 선수가 **능숙하게** 다리를 어떻게
했어?
프로답게 피셨어.

☺ 능숙하게 ⇨ 프러피션트

2951 ① ② ③

프로선수의 **인물 소개**는 어디에
담아놓지?
프로선수 파일이야.

☺ 인물 소개 ⇨ 프로우파일

2952 ① ② ③

소속팀이 **이익을 얻은** 이유는?
프로 선수들이 피땀 흘려 경기에
임했어.

☺ 이익을 얻다 ⇨ 프라피트

2941 선언하다	2942 조달하다	2943 낭비하는
① ② ③ ④ ⑤	① ② ③ ④ ⑤	① ② ③ ④ ⑤
2944 천재	2945 농산물	2946 생산성
① ② ③ ④ ⑤	① ② ③ ④ ⑤	① ② ③ ④ ⑤
2947 고백	2948 전문 기술	2949 능숙
① ② ③ ④ ⑤	① ② ③ ④ ⑤	① ② ③ ④ ⑤
2950 능숙하게	2951 인물 소개	2952 이익을 얻다
① ② ③ ④ ⑤	① ② ③ ④ ⑤	① ② ③ ④ ⑤

		①	②			①	②
2941	**proclaim** [prəkléim]	③	④		선언하다, 나타내다	③	④
2942	**procure** [prəkjúər]	①	②		획득하다, 조달하다	①	②
		③	④			③	④
2943	**prodigal** [prádigəl]	①	②		낭비하는, 방탕한	①	②
		③	④			③	④
2944	**prodigy** [prádədʒi]	①	②		경이, 천재	①	②
		③	④			③	④
2945	**produce** [prədjúːs]	①	②		산출하다, 생산하다, 농산물	①	②
		③	④			③	④
2946	**productivity** [pròudʌktívəti]	①	②		생산성(력)	①	②
		③	④			③	④
2947	**profession** [prəféʃən]	①	②		직업, 공언, 고백	①	②
		③	④			③	④
2948	**professionalism** [prəféʃənəlizəm]	①	②		전문가 기질, 전문적 기술	①	②
		③	④			③	④
2949	**proficiency** [prəfíʃənsi]	①	②		숙달, 능숙	①	②
		③	④			③	④
2950	**proficient** [prəfíʃənt]	①	②		능숙한, 숙달된	①	②
		③	④			③	④
2951	**profile** [próufail]	①	②		인물 소개, 옆얼굴, 윤곽	①	②
		③	④			③	④
2952	**profit** [práfit]	①	②		이익, 이윤, 이익을 얻다	①	②
		③	④			③	④

✓ STEP 1

2953 ① ② ③

심오한 문제를 풀었어?
응, 풀어 답을 **파운드**(Found)했어.
☺ 심오한 ⇨ 프러파운드

2954 ① ② ③

신문에 TV프로는 어떤 **계획**으로
짜져있니?
프로그램 편성표를 봐.
☺ 계획 ⇨ 프로우그램

2955 ① ② ③

머리가 **향상**되면 어떤 문제부터 풀지?
가장 어려운 문제부터 **풀라** 그랬어.
☺ 향상 ⇨ 프라그레스

2956 ① ② ③

두뇌가 **진보한** 애들은 이걸 빨리
풀겠지?
빨리 풀려고 **그래 십분** 안에.
☺ 진보하는 ⇨ 프러그레시브

2957 ① ② ③

선수들을 **방해하는** 것은?
공이 올 때 프로선수들을 흰 빛이
눈부시게 해.
☺ 방해하다 ⇨ 프러히비트

2958 ① ② ③

그 **연구과제**는 다 끝냈어?
그 **프로젝트**는 너무 어려워 아직도
하고 있어.
☺ 연구 과제 ⇨ 프러젝트

2959 ① ② ③

작가가 책을 시작하며 적는 **머리말**을
뭐라 해?
프롤로그라고 해.
☺ 머리말 ⇨ 프로울로-그

2960 ① ② ③

시간 **연장해주면** 이 문제 풀 수 있니?
풀어! 롱(길게)하게 시간을 준다면.
☺ 연장하다 ⇨ 프롤로-옹

2961 ① ② ③

저명한 분이 오셨는데 도와달라고
부탁하지?
밥이나 **퍼라며** 넌 트집 잡아.
☺ 저명한 ⇨ 프라머넌트

2962 ① ② ③

그 프로선수가 **약속한** 것이 뭐야?
프로는 미스(실수)가 없을 거라 했어.
☺ 약속하다 ⇨ 프라미스

2963 ① ② ③

건강을 위해 무엇을 **장려해**?
프로들 모두 규칙적인 운동을 하라고.
☺ 장려하다 ⇨ 프러모우트

2964 ① ② ③

진급하면 어떻게 대우 해?
프로로 모셔서 깍듯하게 예우해야 돼.
☺ 진급 ⇨ 프러모우션

53

2953 심오한	2954 계획	2955 향상

① ② ③ ④ ⑤   ① ② ③ ④ ⑤   ① ② ③ ④ ⑤

2956 진보하는	2957 방해하다	2958 연구 과제

① ② ③ ④ ⑤   ① ② ③ ④ ⑤   ① ② ③ ④ ⑤

2959 머리말	2960 연장하다	2961 저명한

① ② ③ ④ ⑤   ① ② ③ ④ ⑤   ① ② ③ ④ ⑤

2962 약속하다	2963 장려하다	2964 진급

① ② ③ ④ ⑤   ① ② ③ ④ ⑤   ① ② ③ ④ ⑤

2953	profound [prəfáund]	① ② ③ ④		깊은, 심오한	① ② ③ ④
2954	program [próugræm]	① ② ③ ④		프로그램, 계획(표)	① ② ③ ④
2955	progress [prágres,próu-]	① ② ③ ④		전진, 진행, 향상	① ② ③ ④
2956	progressive [prəgrésiv]	① ② ③ ④		전진(진보)하는	① ② ③ ④
2957	prohibit [prəhíbit]	① ② ③ ④		금지하다, 방해하다	① ② ③ ④
2958	project [prádʒekt]	① ② ③ ④		계획(하다), 사업, 연구과제	① ② ③ ④
2959	prologue [próulɔːg]	① ② ③ ④		머리말, 개막사	① ② ③ ④
2960	prolong [prəlɔ́ːŋ]	① ② ③ ④		연장하다 오래 끌다	① ② ③ ④
2961	prominent [prámənənt]	① ② ③ ④		돌출한, 현저한, 저명한	① ② ③ ④
2962	promise [prámis]	① ② ③ ④		약속하다, 약속, 계약	① ② ③ ④
2963	promote [prəmóut]	① ② ③ ④		승진시키다 장려하다	① ② ③ ④
2964	promotion [prəmóuʃən]	① ② ③ ④		승진, 진급	① ② ③ ④

✓ STEP 1

2965 ① ② ③

이 호텔에서 **신속한** 서비스를
제공하는 곳은?
호텔 **프론트!**

☺ 신속한 ⇨ 프람프트

2966 ① ② ③

아마추어와 프로가 시합하면 이기기
쉬운 쪽은?
프로는 이기기 쉽지.

☺ ~하기 쉬운 ⇨ 프로운

2967 ① ② ③

정확하게 **발음하는** 아나운서는?
프로 아나운서!

☺ 발음하다 ⇨ 프러나운스

2968 ① ② ③

방수가 **증명**되는 시계는?
워터 **프루프** 증명 시계!

☺ 증명 ⇨ 프루-프

2969 ① ② ③

유물을 보존하라고 **선전하는** 이유는?
프로도둑이 다 **파간다**고 난리래.

☺ 선전 ⇨ 프라퍼갠더

2970 ① ② ③

헬기가 뜨고 **나아가게 하는** 역할을
하는 것은?
프로펠러!

☺ 나아가게 하다 ⇨ 프러펠

2971 ① ② ③

적당한 골프채를 캐디에게 요구하는
사람은?
프로골퍼!

☺ 적당한 ⇨ 프라펄

2972 ① ② ③

프로골퍼가 갖춰야 할 **특성**은?
프로골퍼는 티끌도 없이 게임을 해야
해.

☺ 특성 ⇨ 프라퍼티

2973 ① ② ③

삽질을 많이 한 후를 **예언**한다면?
팔 아프시게 되지.

☺ 예언 ⇨ 프러퍼시

2974 ① ② ③

공연이 성공할거라고 **예측한** 사람은?
프로골퍼가 **싸이**에게 했어.

☺ 예측하다 ⇨ 프라퍼사이

2975 ① ② ③

밥 할 때 쌀의 **비율**은?
쌀이 몇 **프로** 들어가느냐에 따라 쌀을
퍼서 맞춰.

☺ 비율 ⇨ 프러포-션

2976 ① ② ③

애인에게 결혼하자고 **청혼하는** 것은?
프로포즈.

☺ 청혼하다 ⇨ 프러포우즈

2965	신속한	2966	~하기 쉬운	2967	발음하다

① ② ③ ④ ⑤　　　① ② ③ ④ ⑤　　　① ② ③ ④ ⑤

2968	증명	2969	선전	2970	나아가게 하다

① ② ③ ④ ⑤　　　① ② ③ ④ ⑤　　　① ② ③ ④ ⑤

2971	적당한	2972	특성	2973	예언

① ② ③ ④ ⑤　　　① ② ③ ④ ⑤　　　① ② ③ ④ ⑤

2974	예측하다	2975	비율	2976	청혼하다

① ② ③ ④ ⑤　　　① ② ③ ④ ⑤　　　① ② ③ ④ ⑤

2965	prompt [prampt]	① ② ③ ④	신속한, 즉시~하는, 자극하다	① ② ③ ④
2966	prone [proun]	① ② ③ ④	~의 경향이 있는, ~하기 쉬운, 엎드린	① ② ③ ④
2967	pronounce [prənáuns]	① ② ③ ④	발음하다, 선언하다, 선고하다	① ② ③ ④
2968	proof [pru:f]	① ② ③ ④	증명, 증거, 테스트	① ② ③ ④
2969	propaganda [prápəgǽndə]	① ② ③ ④	선전(활동)	① ② ③ ④
2970	propel [prəpél]	① ② ③ ④	나아가게 하다, 추진하다	① ② ③ ④
2971	proper [prápər]	① ② ③ ④	적당한 고유한 엄밀한	① ② ③ ④
2972	property [prápərti]	① ② ③ ④	재산, 소유, 특성	① ② ③ ④
2973	prophecy [práfəsi]	① ② ③ ④	예언, 신의	① ② ③ ④
2974	prophesy [práfəsài]	① ② ③ ④	예언하다, 예측하다	① ② ③ ④
2975	proportion [prəpɔ́:rʃən]	① ② ③ ④	비율, 부분, 몫, 정도	① ② ③ ④
2976	propose [prəpóuz]	① ② ③ ④	제안하다, 청혼하다	① ② ③ ④

✓ STEP 1

2977 ① ② ③

어려운 시를 **산문**으로 풀어주는 이유는?
산문으로 **풀어주면** 이해하기 쉬워.
☺ 산문 ⇨ 프로우즈

2978 ① ② ③

쌀을 배급하는 **실행자**가 늘 하는 말은?
쌀을 푸라, 세킬로(3키로)!
☺ 실행자 ⇨ 프락서큐터

2979 ① ② ③

스포츠용품 중 **예상**대로 많이 팔린 운동화는?
프로스펙트!(프로스팩스)
☺ 예상 ⇨ 프라스펙트

2980 ① ② ③

프라하에서 요즘 **번영하는** 사업은?
프라하에서 스파사업이 잘 된대.
☺ 번영하다 ⇨ 프라스펄

2981 ① ② ③

가장 **보호하고** 싶은 멋진 춤은?
프로댄서들이 추는 테크노댄스야.
☺ 보호하다 ⇨ 프러텍트

2982 ① ② ③

이웃을 많이 **후원하는** 유명한 야구선수는?
프로야구 텍사스선수!
☺ 후원 ⇨ 프러텍션

2983 ① ② ③

프로들이 **단백질**을 섭취하는 방법은?
프로는 티 안 나게 알약을 먹어.
☺ 단백질 ⇨ 프로우티-인

2984 ① ② ③

프로선수가 **항의하는** 것은?
프로선수가 항의하는 것은 도핑테스트!
☺ 항의하다 ⇨ 프러테스트

2985 ① ② ③

신교의 신도들 중에 스포츠 하는 사람 있어?
프로 스턴트맨이 있어.
☺ 신교의 ⇨ 프라티스턴트

2986 ① ② ③

수학 천재가 맞는지 **증명하려면** 어떻게 해?
이 문제를 풀어봐, 풀면 천재야.
☺ 증명하다 ⇨ 프루-브

2987 ① ② ③

속담풀이 숙제 좀 도와줄래?
네 스스로 풀어봐!
☺ 속담 ⇨ 프라버-브

2988 ① ② ③

내 선물 **준비했어?**
그래, 여기 있어, 풀어봐도 돼.
☺ 준비하다 ⇨ 프러바이드

2977 산문	2978 실행자	2979 예상

① ② ③ ④ ⑤	① ② ③ ④ ⑤	① ② ③ ④ ⑤

2980 번영하다	2981 보호하다	2982 후원

① ② ③ ④ ⑤	① ② ③ ④ ⑤	① ② ③ ④ ⑤

2983 단백질	2984 항의하다	2985 신교의

① ② ③ ④ ⑤	① ② ③ ④ ⑤	① ② ③ ④ ⑤

2986 증명하다	2987 속담	2988 준비하다

① ② ③ ④ ⑤	① ② ③ ④ ⑤	① ② ③ ④ ⑤

		①	②			①	②
2977	prose [prouz]	③	④		산문, 산문체의	③	④
2978	prosecutor [prάsəkjùːtər]	①	②		실행자, 소추자	①	②
		③	④			③	④
2979	prospect [prάspekt]	①	②		조망, 예상, 기대	①	②
		③	④			③	④
2980	prosper [prάspər]	①	②		번영하다, 잘 자라다	①	②
		③	④			③	④
2981	protect [prətékt]	①	②		지키다, 보호하다	①	②
		③	④			③	④
2982	protection [prətékʃən]	①	②		보호, 후원	①	②
		③	④			③	④
2983	protein [próutiːin]	①	②		단백질	①	②
		③	④			③	④
2984	protest [prətést]	①	②		항의하다 항의, 이의	①	②
		③	④			③	④
2985	protestant [prάtəstənt]	①	②		신교(도)의	①	②
		③	④			③	④
2986	prove [pruːv]	①	②		~임이 입증되다, 증명하다	①	②
		③	④			③	④
2987	proverb [prάvəːrb]	①	②		속담, 격언	①	②
		③	④			③	④
2988	provide [prəváid]	①	②		공급하다, 준비하다	①	②
		③	④			③	④

✓ STEP 1

2989 ① ② ③

지방에 가면 있는 것은?
프로가 만드는 **빙수**가게가 있어.

☺ 지방 ⇨ 프라빈스

2990 ① ② ③

지방의 더운 곳에서 많이 먹는 것은?
프로가 만든 팥**빙수**가 유명해.

☺ 지방의 ⇨ 프러빈셜

2991 ① ② ③

집주인을 **화나게 한** 것은?
고장 난 것을 사람을 **풀어** 복구했는데
안 되었대.

☺ 화나게 하다 ⇨ 프러보우크

2992 ① ② ③

늘 **신중하게** 생각하는 사람은?
프루덴셜 보험회사 직원!

☺ 신중한 ⇨ 프루-던트

2993 ① ② ③

그 **정신과의사**가 저지른 나쁜 짓은?
치료한다며 **사이코** 아이를 때리셨으.

☺ 정신과 의사 ↳
사이카이어트리스트

2994 ① ② ③

정신의학에서 하는 치료?
건강한 사람들 사이에 **끼워** 외톨이가
되지 않게.

☺ 정신의학 ⇨ 사이카이어트리

2995 ① ② ③

심리학에서 연구하는 대상은?
싸이코에 **알려지**가 있는 사람을
연구한대.

☺ 심리학 ⇨ 사이칼러쥐

2996 ① ② ③

사춘기는 어떤 시기야?
푸념 많아 **버티기** 힘든 시기!

☺ 사춘기 ⇨ 퓨-버티

2997 ① ② ③

밥을 공짜로 주는 그 차는 **공공의**
무엇으로 불렸어?
'밥 퍼'차로 **불리**었어.

☺ 공공의 ⇨ 퍼블릭

2998 ① ② ③

태풍으로 파 농사 망치고 농민들에게
정부에서 **발표**한 내용은?
보상 받으려면 **파뿌리 캐어션** 안 돼요.

☺ 발표 ⇨ 퍼블러케이션

2999 ① ② ③

그녀가 **명성**을 얻은 이유는?
멋진 주장을 펴 불리한 상황이었지만
결국 **시티**(city)의 장이 되었어.

☺ 명성 ⇨ 퍼블리서티

3000 ① ② ③

옷을 **선전하는** 내용은?
옷을 펴서 벌리면 사이즈가 다
맞는다고 선전해.

☺ 선전하다 ⇨ 퍼블러사이즈

2989 지방	2990 지방의	2991 화나게 하다

① ② ③ ④ ⑤	① ② ③ ④ ⑤	① ② ③ ④ ⑤

2992 신중한	2993 정신과 의사	2994 정신의학

① ② ③ ④ ⑤	① ② ③ ④ ⑤	① ② ③ ④ ⑤

2995 심리학	2996 사춘기	2997 공공의

① ② ③ ④ ⑤	① ② ③ ④ ⑤	① ② ③ ④ ⑤

2998 발표	2999 명성	3000 선전하다

① ② ③ ④ ⑤	① ② ③ ④ ⑤	① ② ③ ④ ⑤

		①	②			①	②
2989	province [právins]	③	④		지방, 주, 도, 범위	③	④
2990	provincial [prəvínʃəl]	①	②		지방의, 주의, 조야한	①	②
		③	④			③	④
2991	provoke [prəvóuk]	①	②		화나게 하다, 불러일으키다	①	②
		③	④			③	④
2992	prudent [prúdənt]	①	②		신중한, 분별 있는, 공손한	①	②
		③	④			③	④
2993	psychiatrist [saikáiətrist]	①	②		정신과 의사	①	②
		③	④			③	④
2994	psychiatry [saikáiətri]	①	②		정신의학	①	②
		③	④			③	④
2995	psychology [saikálədʒi]	①	②		심리학, 심리(상태)	①	②
		③	④			③	④
2996	puberty [pjú:bərti]	①	②		사춘기, 묘령	①	②
		③	④			③	④
2997	public [pʌ́blik]	①	②		공중의, 공공의, 공개의	①	②
		③	④			③	④
2998	publication [pʌ̀bləkéiʃən]	①	②		발표, 간행	①	②
		③	④			③	④
2999	publicity [pʌblísəti]	①	②		주지, 명성, 선전	①	②
		③	④			③	④
3000	publicize [pʌ́bləsàiz]	①	②		선전하다	①	②
		③	④			③	④

✓ STEP 1

3001 ① ② ③

책을 **출판하면** 유명해져?
책을 **펴** 이름이 **불리**어지게 되면 **쉽게**
유명해 져.
☺ 출판하다 ⇨ 퍼블리쉬

3002 ① ② ③

먹구름이 밀려와서 바람이 **훅 불면**
날씨가 어떻게 될까?
비가 **퍼부**울거야.
☺ 훅 불다 ⇨ 퍼프

3003 ① ② ③

뭘 **끌어당기고** 있어?
풀을 없애려고 풀을 끌어당기고 있어.
☺ 끌어당기다 ⇨ 풀

3004 ① ② ③

맥박수가 떨어지고 있어요?
뭐? 맥박이 **벌써** 떨어져?

☺ 맥박 ⇨ 펄스

3005 ① ② ③

오락실에서 **주먹으로 세게 치면서**
노는 게임?
펀치게임.
☺ 주먹으로 세게 치다 ⇨ 펀취

3006 ① ② ③

꼼꼼하게 옷을 입고 나가라는 이유는?
눈이 **펑펑** 내려 **추워**져서 그래.

☺ 꼼꼼하게 ⇨ 펑크츄얼

3007 ① ② ③

파티 **정시에** 이벤트가 있어?
펑 하는 소리가 나면 **쥬얼리**가
쏟아진대.
☺ 정시에 ⇨ 펑크츄얼리

3008 ① ② ③

요리사를 **벌하는** 이유는?
국을 **푸니** 다 **식어** 있어서 먹을 수
없게 됐어.
☺ 벌하다 ⇨ 퍼니쉬

3009 ① ② ③

왕비가 백설 공주를 **처벌**한 이유는?
백설 공주가 예**쁘니? 쉬**(she)에게 **뭔**가
트집 잡아서 분풀이를 하는 거야.
☺ 처벌 ⇨ 퍼니쉬먼트

3010 ① ② ③

학생이 왜 저래?
퓨~ **펄**(pearl) 화장이나 하고 다니네.

☺ 학생 ⇨ 퓨-펄

3011 ① ② ③

왜 구두를 **사는** 손님들이 많아?
멋진 구두가 **펼쳐서** 진열돼 있기
때문이야.
☺ 사다 ⇨ 펄-쳐스

3012 ① ② ③

봤던 영화중 정말 **순수한** 영화는
뭐였지?
영화 '**퓨어**' 야.
☺ 순수한 ⇨ 퓨어

3001 출판하다	3002 훅 불다	3003 끌어당기다

① ② ③ ④ ⑤	① ② ③ ④ ⑤	① ② ③ ④ ⑤

3004 맥박	3005 주먹으로 세게 치다	3006 꼼꼼하게

① ② ③ ④ ⑤	① ② ③ ④ ⑤	① ② ③ ④ ⑤

3007 정시에	3008 벌하다	3009 처벌

① ② ③ ④ ⑤	① ② ③ ④ ⑤	① ② ③ ④ ⑤

3010 학생	3011 사다	3012 순수한

① ② ③ ④ ⑤	① ② ③ ④ ⑤	① ② ③ ④ ⑤

3001	publish [pʌ́bliʃ]	① ② ③ ④		출판하다, 발표하다	① ② ③ ④
3002	puff [pʌf]	① ② ③ ④		훅 불기, 분첩, 훅 불다, 내뿜다	① ② ③ ④
3003	pull [pul]	① ② ③ ④		끌어당기다, 떼어놓다	① ② ③ ④
3004	pulse [pʌls]	① ② ③ ④		맥박, 진동, 의향	① ② ③ ④
3005	punch [pʌntʃ]	① ② ③ ④		주먹으로 세게 치다, 구멍 뚫다, 주먹질	① ② ③ ④
3006	punctual [pʌ́ŋktʃuəl]	① ② ③ ④		시간을 엄수하는, 꼼꼼한	① ② ③ ④
3007	punctually [pʌ́ŋktʃuəli]	① ② ③ ④		시간을 엄수하여, 정시에	① ② ③ ④
3008	punish [pʌ́niʃ]	① ② ③ ④		벌하다, 응징하다	① ② ③ ④
3009	punishment [pʌ́niʃmənt]	① ② ③ ④		처벌, 형벌, 응징	① ② ③ ④
3010	pupil [pjúːpəl]	① ② ③ ④		학생, 미성년자	① ② ③ ④
3011	purchase [pə́ːrʃəs]	① ② ③ ④		사다, 매수하다, 획득하다, 구매	① ② ③ ④
3012	pure [pjuər]	① ② ③ ④		순수한, 맑은, 청순한	① ② ③ ④

✓ STEP 1

3013 ① ② ③

돼지가 밥그릇을 **깨끗하게** 비우고
나면 뭐하지?
누워서 퍼지지.
☺ 깨끗이 하다 ⇨ 퍼-쥐

3014 ① ② ③

정화된 물을 어떻게 할꺼야?
뿌리로 파이를 만들 때 사용할 거야.
☺ 정화하다 ⇨ 퓨어러파이

3015 ① ② ③

목적을 달성했는데 그 방법이 뭐야?
한 우물만 계속 **퍼**내고 **펐으.**
☺ 목적 ⇨ 퍼-퍼스

3016 ① ② ③

아이가 **만족스러워 한** 이유는?
밥을 퍼줘서.

☺ 만족스러워 하다 ⇨ 퍼-

3017 ① ② ③

추락하는 비행기를 **뒤쫓는** 것?
팔을 **수욱** 내밀어 사람을 구하려는
슈퍼맨!
☺ 뒤쫓다 ⇨ 펄수-

3018 ① ② ③

승객들을 지하철 안으로 **미는** 사람은?
푸쉬맨.

☺ 밀다 ⇨ 푸쉬

3019 ① ② ③

퍼즐 하다가 **당혹해하는** 이유는?
이 **퍼즐** 맞추기가 너무 어려워.

☺ 당혹해하다 ⇨ 퍼즐

3020 ① ② ③

별난 나라를 다녀왔어, 어딘지 알아?
쿠웨이트 다녀왔지?

☺ 별난 ⇨ 퀘인트

3021 ① ② ③

선수 **자격**이 되려면?
컬러TV에서 **피겨스케이터** 방송을 보면
알 수 있어.
☺ 자격 ⇨ 콸러퍼케이션

3022 ① ② ③

파이를 **적당히** 먹으라고 잔소리 했대?
컬러TV 보면서 **파이도** 먹고 살만
쪄서.
☺ 적당한 ⇨ 콸러파이드

3023 ① ② ③

감기에 걸리면 **제한하는** 것?
콜록 거리면서 **파이**를 먹는 것이야.

☺ 제한하다 ⇨ 콸러파이

3024 ① ② ③

품질 좋은 과일만 넣으라 했는데 이게
뭐야?
내가 썩은 **과일 넣디?** 봤어?
☺ 품질 ⇨ 콸러티

3013 깨끗이 하다	3014 정화하다	3015 목적

① ② ③ ④ ⑤	① ② ③ ④ ⑤	① ② ③ ④ ⑤

3016 만족스러워 하다	3017 뒤쫓다	3018 밀다

① ② ③ ④ ⑤	① ② ③ ④ ⑤	① ② ③ ④ ⑤

3019 당혹해하다	3020 별난	3021 자격

① ② ③ ④ ⑤	① ② ③ ④ ⑤	① ② ③ ④ ⑤

3022 적당한	3023 제한하다	3024 품질

① ② ③ ④ ⑤	① ② ③ ④ ⑤	① ② ③ ④ ⑤

3013	purge [pəːrdʒ]	① ② ③ ④		깨끗이 하다, 제거하다, 추방하다	① ② ③ ④
3014	purify [pjú(ː)rəfái]	① ② ③ ④		정화하다, 순화하다	① ② ③ ④
3015	purpose [pə́ːrpəs]	① ② ③ ④		목적, 용도, 의지, 요점	① ② ③ ④
3016	purr [pəːr]	① ② ③ ④		가르랑거리다, 만족스러워 하다	① ② ③ ④
3017	pursue [pərsúː]	① ② ③ ④		뒤쫓다, 추구하다, 수행하다	① ② ③ ④
3018	push [puʃ]	① ② ③ ④		밀다, 강요하다	① ② ③ ④
3019	puzzle [pʌ́zl]	① ② ③ ④		수수께끼, 당혹(케 하다)	① ② ③ ④
3020	quaint [kwéint]	① ② ③ ④		별난, 기묘한	① ② ③ ④
3021	qualification [kwὰləfikéiʃən]	① ② ③ ④		자격, 조건	① ② ③ ④
3022	qualified [kwáləfáid]	① ② ③ ④		자격 있는, 적당한	① ② ③ ④
3023	qualify [kwáləfài]	① ② ③ ④		자격을 주다, 제한하다	① ② ③ ④
3024	quality [kwáləti]	① ② ③ ④		질, 성질, 품질, 특질	① ② ③ ④

✓ STEP 1

3025 ① ② ③

좋은 흙의 **양**이 많으면?
관 놓을 **터**로 **티**가 나게 좋은 땅이야.
☺ 수량 ⇨ 콴터티

3026 ① ② ③

싸움하다가 목을 한 대 맞고는 어땠어?
숨을 제대로 못 쉬어 **쿨럭** 거렸어.
☺ 싸움 ⇨ 쿼-럴

3027 ① ② ③

방금 잡은 **이상한** 동물을 어떻게 할 거야?
내가 **키워**야지.
☺ 이상한 ⇨ 퀴어

3028 ① ② ③

어느 지역의 날씨를 **질문**했지?
기상캐스터에게 **천안**의 날씨를 물었어.
☺ 질문 ⇨ 퀘스천

3029 ① ② ③

내 날씨 **질문서** 어디 뒀어?
기상캐스터가 **니 어**깨에 뒀잖아!
☺ 질문서 ⇨ 퀘스천에어

3030 ① ② ③

기계를 **활기차게 하는** 사람은?
키 큰 사람!
☺ 활기차게 하다 ⇨ 퀴컨

3031 ① ② ③

차를 급하게 **멈추면** 어떤 소리가 나?
끼익 하고 소리가 나.
☺ 멈추다 ⇨ 퀴트

3032 ① ② ③

걔 앞에만 서면 **떨리는** 이유는?
걔 키가 커버려서 위축돼서 그래,
기죽어.
☺ 떨다 ⇨ 퀴버

3033 ① ② ③

시세보다 싸게 나온 땅이 있니?
도로 **곁에 이 선** 넘어 땅이 싸게 나왔어.
☺ 시세 ⇨ 쿼테이션

3034 ① ② ③

책을 **인용하다**가 들켜서 어떻게 됐어?
합격 못하고 **커트** 당했어.
☺ 인용하다 ⇨ 쿼우트

3035 ① ② ③

내 **몫**이 더 많다고 더 달라고 꼬셔봐?
꼬셔도 안 주네.
☺ 몫 ⇨ 쿼션트

3036 ① ② ③

달리기 **경주**에서 누나가 꼴찌 했어?
레이스 달린 치마를 입고 달려서 그래.
☺ 경주 ⇨ 레이스

3025 수량	3026 싸움	3027 이상한

① ② ③ ④ ⑤

① ② ③ ④ ⑤

① ② ③ ④ ⑤

3028 질문	3029 질문서	3030 활기차게 하다

① ② ③ ④ ⑤

① ② ③ ④ ⑤

① ② ③ ④ ⑤

3031 멈추다	3032 떨다	3033 시세

① ② ③ ④ ⑤

① ② ③ ④ ⑤

① ② ③ ④ ⑤

3034 인용하다	3035 몫	3036 경주

① ② ③ ④ ⑤

① ② ③ ④ ⑤

① ② ③ ④ ⑤

3025	quantity [kwántəti]	① ② ③ ④		양, 수량, 다량, 다수	① ② ③ ④
3026	quarrel [kwɔ́:rəl]	① ② ③ ④		싸움, 불평, 싸우다	① ② ③ ④
3027	queer [kwiər]	① ② ③ ④		이상한, 기묘한	① ② ③ ④
3028	question [kwéstʃən]	① ② ③ ④		질문, 의심, 문제	① ② ③ ④
3029	questionnaire [kwèstʃənéər]	① ② ③ ④		질문서	① ② ③ ④
3030	quicken [kwíkən]	① ② ③ ④		빠르게 하다, 활기 띠게 하다	① ② ③ ④
3031	quit [kwit]	① ② ③ ④		멈추다, 그만두다, 물러나다	① ② ③ ④
3032	quiver [kwívər]	① ② ③ ④		떨다, 흔들다, 떨림	① ② ③ ④
3033	quotation [kwoutéiʃən]	① ② ③ ④		인용, 시세	① ② ③ ④
3034	quote [kwout]	① ② ③ ④		인용하다, 예시하다	① ② ③ ④
3035	quotient [kwóuʃənt]	① ② ③ ④		몫	① ② ③ ④
3036	race [reis]	① ② ③ ④		경주(하다), 인종	① ② ③ ④

✓ STEP 1

3037 ① ② ③

우리나라 **민족의** 최대 명절은 언제야?
내일이 설인데 그것도 모르니?

☺ 민족의 ⇨ 레이셜

3038 ① ② ③

인종 차별 주의자가 연설을 언제
하지?
레이씨가 한 시쯤 하기로 했대.

☺ 인종 차별 ⇨ 레이시점

3039 ① ② ③

눈이 부시게 **빛나는** 것은?
레이디(lady)의 차에서 라이트 킨 거야.

☺ 빛나다 ⇨ 레이디에이트

3040 ① ② ③

눈에서 광채가 **방사**되고 있어?
응, 레이디의 눈에서 광채가 방사돼.

☺ 방사 ⇨ 레이디에이션

3041 ① ② ③

감독이 **급진적으로** 달려갔어?
레디(ready)하면서 뮤지컬 시작을
알렸어.

☺ 급진적인 ⇨ 래디컬

3042 ① ② ③

원의 **반지름**을 누가 재라는 말이에요?
거기 **레이디**(lady)께서 **어서**!

☺ 반지름 ⇨ 레이디어스

3043 ① ② ③

뗏목을 타고 강에서 즐기는 스포츠를
뭐라고 해?
레프팅이라고 해.

☺ 뗏목 ⇨ 래프트

3044 ① ② ③

저기서 **격노하고** 있는 건 누구지?
레이지? 맞지?

☺ 격노하다 ⇨ 레이쥐

3045 ① ② ③

방안을 **급습**한 바퀴벌레를 잡는
방법은?
바퀴벌레 약 **레이드**를 뿌려.

☺ 급습 ⇨ 레이드

3046 ① ② ③

올해 **강우량**이 최고치를 기록한 이유?
레인(rain)이 폴(fall)에도 많이 와.

☺ 강우량 ⇨ 레인포-올

3047 ① ② ③

임금 인상한 것 달라니까 언제 준대?
내일주께 라고 했어.

☺ 임금 인상 ⇨ 레이즈

3048 ① ② ③

벌레들이 **덤벼든** 곳이 어디지?
벌레 잡는 램프 있는 곳이야.

☺ 덤벼들다 ⇨ 램프

3037 민족의

① ② ③ ④ ⑤

3038 인종 차별

① ② ③ ④ ⑤

3039 빛나다

① ② ③ ④ ⑤

3040 방사

① ② ③ ④ ⑤

3041 급진적인

① ② ③ ④ ⑤

3042 반지름

① ② ③ ④ ⑤

3043 뗏목

① ② ③ ④ ⑤

3044 격노하다

① ② ③ ④ ⑤

3045 급습

① ② ③ ④ ⑤

3046 강우량

① ② ③ ④ ⑤

3047 임금 인상

① ② ③ ④ ⑤

3048 덤벼들다

① ② ③ ④ ⑤

3037	**racial** [réiʃəl]	① ② ③ ④		인종의, 민족(간)의	① ② ③ ④
3038	**racism** [réisiz-əm]	① ② ③ ④		민족 차별 주의, 인종차별	① ② ③ ④
3039	**radiate** [réidieit]	① ② ③ ④		방사하다, 빛나다	① ② ③ ④
3040	**radiation** [rèidiéiʃ-ən]	① ② ③ ④		방사, 발열(광)	① ② ③ ④
3041	**radical** [rædikəl]	① ② ③ ④		근본적인, 급진적인	① ② ③ ④
3042	**radius** [réidiəs]	① ② ③ ④		반지름, 행동반경	① ② ③ ④
3043	**raft** [ræft]	① ② ③ ④		뗏목(으로 엮다, 나르다)	① ② ③ ④
3044	**rage** [reidʒ]	① ② ③ ④		격노(정), 대유행, 격노하다	① ② ③ ④
3045	**raid** [reid]	① ② ③ ④		급습, 불시단속	① ② ③ ④
3046	**rainfall** [réinfɔ̀:l]	① ② ③ ④		강우(량)	① ② ③ ④
3047	**raise** [réiz]	① ② ③ ④		올리다, 기르다, 제기하다, 임금 인상	① ② ③ ④
3048	**ramp** [ræmp]	① ② ③ ④		덤벼들다, 질주하다, 경사로	① ② ③ ④

✓ STEP 1

3049 ① ② ③

그 **목장**에 가면 가장 추억에 남는 게 뭐지?
맛있는 **런치(lunch)!**
☺ 목장 ⇨ 랜취

3050 ① ② ③

닥치는 대로 남의 홈피에 들어가는 방법은?
랜덤 파도타기야.
☺ 닥치는 대로의 ⇨ 랜덤

3051 ① ② ③

저것도 **포함해서** 실어 주실 거죠?
네, 가스레인지 실어 드릴게요.
☺ 포함하다 ⇨ 레인쥐

3052 ① ② ③

계급은 어떻게 알 수 있어요?
인터넷에 **랭크(rank)** 되어있어요.
☺ 계급 ⇨ 랭크

3053 ① ② ③

혈액순환이 **빠른** 사람만 헌혈
가능해요?
내 피도 헌혈하고 싶네요.
☺ 빠른 ⇨ 래피드

3054 ① ② ③

큰 기쁨으로 공연을 본 팬들이?
랩(rap)처럼 빠른 노래를 따라 불렀어.
☺ 큰 기쁨 ⇨ 랩쳐

3055 ① ② ③

진기한 솜씨를 보여주는 쇼를 보러
갈려면?
입장료를 많이 **내어**야지!
☺ 진기한 ⇨ 레어

3056 ① ② ③

거북이들이 **무모한** 레이스를?
벌써 네 시간이나 하고 있어.
☺ 무모한 ⇨ 래쉬

3057 ① ② ③

속도를 올리고 방향을 돌려야 해?
내 이 속도로 방향을 **틀**면 위험해.
☺ 속도 ⇨ 레이트

3058 ① ② ③

가장 아름다운 **비율**을 가진
신체부위는?
내 이 손!
☺ 비율 ⇨ 레이쇼우

3059 ① ② ③

햇볕이 뜨거울 때 **합리적인** 생각은?
내가 서늘한 나무 밑을 찾는 것이지!
☺ 합리적인 ⇨ 래셔늘

3060 ① ② ③

새들이 **재잘거리는** 곳은?
내가 만든 새장 **틀** 속에서 재잘거려.
☺ 재잘거리다 ⇨ 래틀

77

3049 목장	3050 닥치는 대로의	3051 포함하다

① ② ③ ④ ⑤	① ② ③ ④ ⑤	① ② ③ ④ ⑤

3052 계급	3053 빠른	3054 큰 기쁨

① ② ③ ④ ⑤	① ② ③ ④ ⑤	① ② ③ ④ ⑤

3055 진기한	3056 무모한	3057 속도

① ② ③ ④ ⑤	① ② ③ ④ ⑤	① ② ③ ④ ⑤

3058 비율	3059 합리적인	3060 재잘거리다

① ② ③ ④ ⑤	① ② ③ ④ ⑤	① ② ③ ④ ⑤

3049	ranch [ræntʃ]	① ② ③ ④		목장, 농장	① ② ③ ④
3050	random [rǽndəm]	① ② ③ ④		닥치는 대로의, 마구잡이의	① ② ③ ④
3051	range [reindʒ]	① ② ③ ④		포함하다, 이르다, 범위	① ② ③ ④
3052	rank [ræŋk]	① ② ③ ④		열, 계급, 순번, 신분, 나란히 세우다, 정렬시키다	① ② ③ ④
3053	rapid [rǽpid]	① ② ③ ④		빠른, 민첩한, 급격한	① ② ③ ④
3054	rapture [rǽptʃər]	① ② ③ ④		환희, 큰 기쁨	① ② ③ ④
3055	rare [rɛə:r]	① ② ③ ④		드문, 진기한	① ② ③ ④
3056	rash [ræʃ]	① ② ③ ④		무모한, 경솔한, 성급한	① ② ③ ④
3057	rate [reit]	① ② ③ ④		비율, 속도, 요금, 가격	① ② ③ ④
3058	ratio [réiʃou]	① ② ③ ④		비, 비율	① ② ③ ④
3059	rational [rǽʃənəl]	① ② ③ ④		이성적인, 합리적인	① ② ③ ④
3060	rattle [rǽtl]	① ② ③ ④		덜거덕거리다, 재잘거리다	① ② ③ ④

✓ STEP 1

3061 ① ② ③

내 삶을 **황폐화시키는** 것은 뭐야?
무거운 **내 빛**이 내 삶을 황폐하게 해.
☺ 황폐화시키다 ➪ 래비쥐

3062 ① ② ③

생선을 **날 것으로** 잡아먹은 곳은?
러시아야.
☺ 날것의 ➪ 로-

3063 ① ② ③

몸에서 **빛**이 나는 친구는 누구지?
내 친구 **레이(Ray)**야.
☺ 빛 ➪ 레이

3064 ① ② ③

왜 치과에 **도착했지?**
썩은 **니 치**아 뽑으려 가는 거야.
☺ 도착하다 ➪ 리-취

3065 ① ② ③

그가 부러운 **반응을 한** 이유는 뭐야?
우리가 애틀랜타로 여행 간다고 해서.
☺ 반응하다 ➪ 리-액트

3066 ① ② ③

보수적인 감독이 뭐라고 했어?
니 액션 어리바리 하다고 했어.
☺ 보수적인 ➪ 리-액셔네리

3067 ① ② ③

그게 **현실주의적**이야?
우리 언니가 이야기 할 때 **쯤** 잠이
들어서 몰라.
☺ 현실주의 ➪ 리-얼리점

3068 ① ② ③

언니는 **현실주의의** 꿈이 있어?
우리 언니가 **스틱(stick)**으로 장난만
치네.
☺ 현실주의의 ➪ 리-얼리스틱

3069 ① ② ③

사실 언니가 준 옷 어때?
우리 언니 티셔츠는 나에게 안 맞아.
☺ 사실 ➪ 리앨러티

3070 ① ② ③

꿈을 **실현했니?**
우리 언니 나이는 아직 즐길 수 있는
나이야.
☺ 실현하다 ➪ 리-얼라이즈

3071 ① ② ③

이 **왕국**에서 유명한 노란색 과일은?
레몬!
☺ 왕국 ➪ 렐름

3072 ① ② ③

부동산에 관한 내용은 어디서 방영해?
리얼리티 프로그램!
☺ 부동산 ➪ 리-얼티

3061 황폐화시키다

① ② ③ ④ ⑤

3062 날것의

① ② ③ ④ ⑤

3063 빛

① ② ③ ④ ⑤

3064 도착하다

① ② ③ ④ ⑤

3065 반응하다

① ② ③ ④ ⑤

3066 보수적인

① ② ③ ④ ⑤

3067 현실주의

① ② ③ ④ ⑤

3068 현실주의의

① ② ③ ④ ⑤

3069 사실

① ② ③ ④ ⑤

3070 실현하다

① ② ③ ④ ⑤

3071 왕국

① ② ③ ④ ⑤

3072 부동산

① ② ③ ④ ⑤

No.	Word	①	②		뜻	①	②
3061	ravage [rǽvidʒ]	①	②		황폐화시키다, 파괴하다, 황폐	①	②
		③	④			③	④
3062	raw [rɔ:]	①	②		날것의, 가공하지 않은, 미숙한	①	②
		③	④			③	④
3063	ray [rei]	①	②		광선, 빛	①	②
		③	④			③	④
3064	reach [ri:tʃ]	①	②		도착하다, 달하다	①	②
		③	④			③	④
3065	react [riǽkt]	①	②		반응하다, 반작용하다	①	②
		③	④			③	④
3066	reactionary [ri:ǽkʃənèri]	①	②		반동의, 보수적인	①	②
		③	④			③	④
3067	realism [rí:əlìz-əm]	①	②		현실주의, 사실주의	①	②
		③	④			③	④
3068	realistic [rì:əlístik]	①	②		현실주의의	①	②
		③	④			③	④
3069	reality [riǽləti]	①	②		진실, 사실, 현실, 실재	①	②
		③	④			③	④
3070	realize [rí:əlàiz]	①	②		실현하다, 실감하다	①	②
		③	④			③	④
3071	realm [relm]	①	②		왕국(국토), 영역, 범위	①	②
		③	④			③	④
3072	realty [rí:-əlti]	①	②		부동산	①	②
		③	④			③	④

✓ STEP 1

3073 ① ② ③

시들어 버리기 전에 빨리 **수확하라고** 한 것은?
풀잎!
☺ 수확하다 ⇨ 리-잎

3074 ① ② ③

바위 **뒤**쪽부터 찾아보라고 했어?
우리가 **어디** 숨어있는지 그래도 몰라.
☺ 뒤 ⇨ 리얼

3075 ① ② ③

그 형사는 열심히 **추리하고** 있지?
끼니도 잊은 채 추리하고 있어.
☺ 추론하다 ⇨ 리-전

3076 ① ② ③

분별 있게 생각해보면 아이 우유 준
다음에 뭐해?
이제 업을 시간이야.
☺ 분별 있는 ⇨ 리-저너벌

3077 ① ② ③

'안심시키다'를 영어로?
리-어슈어(reassure)
☺ 안심시키다 ⇨ 리-어슈어

3078 ① ② ③

반역자는 죄의 수준이 모두 같아?
아니, 죄의 경중에 따른 **레벨**이 있어.
☺ 반역자 ⇨ 레벌

3079 ① ② ③

모반하면 우리는 어떻게 돼?
우리 **별**은 우리가 언젠가 받게 될
거야.
☺ 모반 ⇨ 리벨리언

3080 ① ② ③

책에 대해 **비난하는** 글이 많네?
리뷰들이 크게 비난하고 있어.
☺ 비난하다 ⇨ 리뷰-크

3081 ① ② ③

우리 첫 데이트를 **회상**해 봐, 뭘 했지?
우리가 뮤지컬 봤잖아.
☺ 회상 ⇨ 리코-올

3082 ① ② ③

어디에서 공부를 **그만두었어**?
우리는 시드니에서 공부를
그만두었어.
☺ 그만두다 ⇨ 리시-드

3083 ① ② ③

배구에서 잘 **받아서** 넘겨야 되는
것은?
우리는 서브를 잘 받아 넘겨야 해.
☺ 받다 ⇨ 리시-브

3084 ① ② ③

최근 동네에서 가장 인기 있는 곳은?
우리 센터가 가장 인기야.
☺ 최근 ⇨ 리-선트

3073 수확하다	3074 뒤	3075 추론하다

① ② ③ ④ ⑤	① ② ③ ④ ⑤	① ② ③ ④ ⑤

3076 분별 있는	3077 안심시키다	3078 반역자
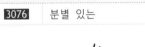		
① ② ③ ④ ⑤	① ② ③ ④ ⑤	① ② ③ ④ ⑤

3079 모반	3080 비난하다	3081 회상

① ② ③ ④ ⑤	① ② ③ ④ ⑤	① ② ③ ④ ⑤

3082 그만두다	3083 받다	3084 최근

① ② ③ ④ ⑤	① ② ③ ④ ⑤	① ② ③ ④ ⑤

3073	reap [ri:p]	① ② ③ ④		거둬들이다, 수확하다	① ② ③ ④
3074	rear [riər]	① ② ③ ④		뒤, 후위, 기르다, 세우다	① ② ③ ④
3075	reason [ri:zən]	① ② ③ ④		추론하다, 설득하다, 이유, 도리, 이성	① ② ③ ④
3076	reasonable [rí:z-ənəb-əl]	① ② ③ ④		분별 있는, 이치에 맞는	① ② ③ ④
3077	reassure [rì:əʃùə:r]	① ② ③ ④		재보증하다, 안심시키다	① ② ③ ④
3078	rebel [réb-əl]	① ② ③ ④		반역자, 모반하다	① ② ③ ④
3079	rebellion [ribéljən]	① ② ③ ④		모반, 반란, 폭동	① ② ③ ④
3080	rebuke [ribjú:k]	① ② ③ ④		비난하다, 책망하다, 비난, 힐책	① ② ③ ④
3081	recall [rikɔ́:l]	① ② ③ ④		상기하다, 소환하다, 회상, 소환	① ② ③ ④
3082	recede [risi:d]	① ② ③ ④		후퇴하다 그만두다, 손 떼다	① ② ③ ④
3083	receive [risi:v]	① ② ③ ④		받다, 맞이하다	① ② ③ ④
3084	recent [rí:s-ənt]	① ② ③ ④		최근의, 근래의	① ② ③ ④

✓ STEP 1

3085 ① ② ③

환영회에 대한 안내는 어디 있나요?
입구 리셉션으로 가보세요.

☺ 환영회 ⇨ 리셉션

3086 ① ② ③

불경기에 살아남으려면?
돈이 새선 안 돼!

☺ 불경기 ⇨ 리세션

3087 ① ② ③

오지도 않고 **역행**한 이유는?
니들이 세시에 불러서 또 때릴까봐
그랬어.

☺ 역행의 ⇨ 리세시브

3088 ① ② ③

조리법을 흔한 말로 뭐라고 해?
아 레시피 말이구나!

☺ 조리법 ⇨ 레서피-

3089 ① ② ③

선생님이 **암송하라고** 한 게 뭐지?
우리학교 사이트 주소!

☺ 암송하다 ⇨ 리사이트

3090 ① ② ③

무분별하게 선물을 많이 산 이유는?
모레 크리스마스에 선물할 곳이 많아.

☺ 무분별한 ⇨ 레크리스

3091 ① ② ③

내 선물을 **세어봐야**겠네?
내껀 내가 세어 볼게.

☺ 세다 ⇨ 레컨

3092 ① ② ③

애완거북의 나이를 **알아보는** 것이
가능하니?
내 껀 나이를 알 수가 있어.

☺ 알아보다 ⇨ 레커그나이즈

3093 ① ② ③

여기서 **명상에 잠겨도** 돼?
내 꼴 나기 전에 내 터(자리)에서 얼른
비켜!

☺ 명상에 잠기다 ⇨ 레컬렉트

3094 ① ② ③

흑인배역으로 어떤 사람을 **추천하면**
좋을까?
우리는 시커먼 사람을 추천해.

☺ 추천하다 ⇨ 레커멘드

3095 ① ② ③

이 화장품 비추천이야?
원래 피부도 시꺼먼데 이 파운데이션
별로야.

☺ 추천 ⇨ 레커멘데이션

3096 ① ② ③

부부가 **화해하기** 좋은 시기는?
원래 큰 싸움을 하면 4일 후가 좋아.

☺ 화해시키다 ⇨ 레컨사일

3085 환영회	3086 불경기	3087 역행의

① ② ③ ④ ⑤	① ② ③ ④ ⑤	① ② ③ ④ ⑤

3088 조리법	3089 암송하다	3090 무분별한

① ② ③ ④ ⑤	① ② ③ ④ ⑤	① ② ③ ④ ⑤

3091 세다	3092 알아보다	3093 명상에 잠기다

① ② ③ ④ ⑤	① ② ③ ④ ⑤	① ② ③ ④ ⑤

3094 추천하다	3095 추천	3096 화해시키다

① ② ③ ④ ⑤	① ② ③ ④ ⑤	① ② ③ ④ ⑤

No.	Word					Meaning		
3085	reception [risépʃ-ən]	①	②			받아들임, 응접, 환영회	①	②
		③	④				③	④
3086	recession [riséʃ-ən]	①	②			퇴거, 후퇴, 불경기	①	②
		③	④				③	④
3087	recessive [risésiv]	①	②			퇴행의, 역행의	①	②
		③	④				③	④
3088	recipe [résəpi:]	①	②			처방, 조리법	①	②
		③	④				③	④
3089	recite [risáit]	①	②			암송하다.	①	②
		③	④				③	④
3090	reckless [réklis]	①	②			무모한, 무분별한, 마음 쓰지 않는	①	②
		③	④				③	④
3091	reckon [rékən]	①	②			세다, 간주하다, 생각하다	①	②
		③	④				③	④
3092	recognize [rékəgnaiz]	①	②			인정하다, 알아보다, 인식하다	①	②
		③	④				③	④
3093	recollect [rekəlékt]	①	②			회상하다, 명상에 잠기다	①	②
		③	④				③	④
3094	recommend [rekəménd]	①	②			추천하다, 권고하다	①	②
		③	④				③	④
3095	recommendation [rèkəmendéiʃ-ən]	①	②			추천, 권고	①	②
		③	④				③	④
3096	reconcile [rékənsáil]	①	②			화해시키다, 조화시키다	①	②
		③	④				③	④

✓ STEP 1

3097 ① ② ③

실내에서도 외부 전기등 **조정**이
가능하니?
내껀 실내에선 가능해.
☺ 조정 ⇨ 레컨실리에이션

3098 ① ② ③

노래를 **기록**한 음반을 뭐라고 그래?
레코드판.
☺ 기록 ⇨ 레코-드

3099 ① ② ③

그 리어커 장수는 무엇을 **되찾았지**?
리어커를 덮는 **커버**!
☺ 되찾다 ⇨ 리커버

3100 ① ② ③

수해복구 하느라 운동이 돼서 그런지
와~ 니 키가 **커 버리**었네.
☺ 복구 ⇨ 리커버리

3101 ① ② ③

성경의 구절은 언제 **재현 돼**?
원래 크리스마스에 **이틀간** 재현된다고 해.
☺ 재현하다 ⇨ 레크리에이트

3102 ① ② ③

휴양지에서 신이 난 이유는?
멋진 **레크리에이션** 강사를 만났어.
☺ 휴양 ⇨ 레크리에이션

3103 ① ② ③

새로 **고용한** 아줌마는 뭐 했었대?
원래 리어커로 야쿠르트 파는
아줌마였어.
☺ 고용하다 ⇨ 리크루-트

3104 ① ② ③

직사각형 같이 생긴 것은 누구의
얼굴이야?
내 **탱글**한 얼굴.
☺ 직사각형 ⇨ 렉-탱글

3105 ① ② ③

재발한 피부염의 원인은?
화장품 **니 껄** 사용하다 그랬어.
☺ 재발하다 ⇨ 리커-

3106 ① ② ③

우리에게 **재순환 과정**이 필요하지?
우리 사이에 커다란 갈등이 있어서.
☺ 재순환 과정 ⇨ 리사이컬

3107 ① ② ③

재활용이 귀찮은 이유는?
막상 쓰레기를 버리는 **사이 꺼리**게
돼, 귀찮아서.
☺ 재활용 ⇨ 리사이클링

3108 ① ② ③

비누를 나눠 쓰니 **줄어드는** 게
당연하지?
니도 써도 돼!
☺ 줄이다 ⇨ 리듀-스

3097 조정	3098 기록	3099 되찾다

① ② ③ ④ ⑤	① ② ③ ④ ⑤	① ② ③ ④ ⑤

3100 복구	3101 재현하다	3102 휴양

① ② ③ ④ ⑤	① ② ③ ④ ⑤	① ② ③ ④ ⑤

3103 고용하다	3104 직사각형	3105 재발하다

① ② ③ ④ ⑤	① ② ③ ④ ⑤	① ② ③ ④ ⑤

3106 재순환 과정	3107 재활용	3108 줄이다

① ② ③ ④ ⑤	① ② ③ ④ ⑤	① ② ③ ④ ⑤

		①	②			①	②
3097	reconciliation [rèkənsìliéiʃ-ən]	③	④		조정, 화해	③	④
3098	record [rékə:rd]	①	②		기록, 기입, 음반	①	②
		③	④			③	④
3099	recover [rikʌ́və:r]	①	②		되찾다, 복구되다, 회복하다	①	②
		③	④			③	④
3100	recovery [rikʌ́v-əri]	①	②		회복, 복구	①	②
		③	④			③	④
3101	recreate [rékrièit]	①	②		재창조하다, 재현하다	①	②
		③	④			③	④
3102	recreation [rékréiʃən]	①	②		오락, 휴양	①	②
		③	④			③	④
3103	recruit [rikrú:t]	①	②		신병을 들이다, 고(채)용하다	①	②
		③	④			③	④
3104	rectangle [réktæ̀ŋg-əl]	①	②		직사각형	①	②
		③	④			③	④
3105	recur [rikə́:r]	①	②		다시 일어나다, 되풀이되다, 재발하다	①	②
		③	④			③	④
3106	recycle [ri:sáik-əl]	①	②		재활용하다, 재순환 과정	①	②
		③	④			③	④
3107	recycling [ri:sáik-əliŋ]	①	②		재활용	①	②
		③	④			③	④
3108	reduce [ridjú:s]	①	②		줄이다, 줄다	①	②
		③	④			③	④

✓ STEP 1

3109 ① ② ③

해안에 펼쳐진 **암초**를 한눈에 보려면?
리프트를 타고 오르면서 보면 돼.
☺ 암초 ⇨ 리-프

3110 ① ② ③

새로운 디자인과 **관련된** 제품은?
슬리퍼야.
☺ 관련되다 ⇨ 리퍼-

3111 ① ② ③

국민투표 할 때 공연은 누가 하지?
랩퍼들이 랜덤(random)으로 해.
☺ 국민투표 ⇨ 레퍼렌덤

3112 ① ② ③

품위 있게 앉아서 나눠 먹던 과일은?
우리 파인애플을 나눠먹었지.
☺ 품위 있다 ⇨ 리파인

3113 ① ② ③

대회에서 **세련되었다는** 이유로
이겼어?
우리 파인(파이는, 드디어 우승했어.
☺ 세련된 ⇨ 리파인드

3114 ① ② ③

네트를 망친 것을 **반성**하려면 어떻게
하지?
니 풀로 네트를 다시 붙여 놔!
☺ 반성 ⇨ 리플렉트

3115 ① ② ③

내 의견에 대한 **반응**이 어때?
리플에 억센 반응이 많아.

☺ 반응 ⇨ 리플렉션

3116 ① ② ③

공을 물고 **되돌아오는** 개 사진을
올렸더니 반응이 어때?
리플에는 내 개 렉스가 멋있다는 글이 올라왔어.
☺ 되돌아오는 ⇨ 리플렉스

3117 ① ② ③

법이 **개정되면서** 뭐가 바뀌었대?
정부에서 지급된 옷의 **리폼**은 금지래.
☺ 개정하다 ⇨ 리-포-옴

3118 ① ② ③

굴절작용에 대한 글 어땠니?
리플이 달리고 **액션** 영화도
만들어졌어.
☺ 굴절 ⇨ 리프랙션

3119 ① ② ③

구입을 **그만두기로** 한 요구르트는?
우리 플레인 요구르트야.

☺ 그만두다 ⇨ 리프레인

3120 ① ② ③

기분을 **상쾌하게 하려면** 어떤 게임이
좋아?
우리 것 플래쉬 게임 하자!
☺ 상쾌하게 하다 ⇨ 리프레쉬

3109 암초	3110 관련되다	3111 국민투표

① ② ③ ④ ⑤	① ② ③ ④ ⑤	① ② ③ ④ ⑤

3112 품위 있다	3113 세련된	3114 반성

① ② ③ ④ ⑤	① ② ③ ④ ⑤	① ② ③ ④ ⑤

3115 반응	3116 되돌아오는	3117 개정하다

① ② ③ ④ ⑤	① ② ③ ④ ⑤	① ② ③ ④ ⑤

3118 굴절	3119 그만두다	3120 상쾌하게 하다

① ② ③ ④ ⑤	① ② ③ ④ ⑤	① ② ③ ④ ⑤

3109	reef [ri:f]	① ② ③ ④		암초, 광맥	① ② ③ ④
3110	refer [rifə́:r]	① ② ③ ④		언급하다, 참조하다, 관련되다	① ② ③ ④
3111	referendum [rèfəréndəm]	① ② ③ ④		국민투표	① ② ③ ④
3112	refine [rifáin]	① ② ③ ④		정련하다, 품위 있게 하다	① ② ③ ④
3113	refined [rifáind]	① ② ③ ④		정련된, 세련된, 품위 있는	① ② ③ ④
3114	reflect [riflékt]	① ② ③ ④		반사, 반영, 반성, 숙고하다	① ② ③ ④
3115	reflection [riflékʃ-ən]	① ② ③ ④		반사, 반영	① ② ③ ④
3116	reflex [rí:fleks]	① ② ③ ④		반사의, 되돌아오는	① ② ③ ④
3117	reform [rifɔ́:rm]	① ② ③ ④		개혁하다, 수정하다, 개정하다, 개혁, 개선	① ② ③ ④
3118	refraction [rifrǽkʃ-ən]	① ② ③ ④		굴절(작용)	① ② ③ ④
3119	refrain [rifréin]	① ② ③ ④		삼가다, 그만두다, 후렴	① ② ③ ④
3120	refresh [rifréʃ]	① ② ③ ④		상쾌하게 하다, 새롭게 하다	① ② ③ ④

✓ STEP 1

3121 ① ② ③

피난소에 전기가 안 들어오네?
오래 되어 전기 퓨즈가 나갔어.
☺ 피난소 ⇨ 레퓨-즈

3122 ① ② ③

저 피난민이 지금 뭐하고 있지?
철도 레일에 앉아 휴지로 눈물을 닦고 있어.
☺ 피난민 ⇨ 레퓨쥐-

3123 ① ② ③

빚 갚을 돈은 있어?
우리 펀드 가입한 것으로 갚을게요.
☺ 갚다 ⇨ 리펀드

3124 ① ② ③

퓨즈 설치를 왜 거절하지?
엉터리 퓨즈는 불량품이라 못써.
☺ 거절하다 ⇨ 리퓨-즈

3125 ① ② ③

건강을 회복하면 달라질까요?
오리가 개 인척 하는 것도 알아 볼 수 있어.
☺ 회복하다 ⇨ 리게인

3126 ① ② ③

창밖을 주시하고 있는 사람이 누구지?
우리를 지키는 보디가드야.
☺ 주시하다 ⇨ 리가-드

3127 ① ② ③

정부기관에 언제 이 짐을 보내야 하니?
모래 이 짐을 꼭 보내야 해.
☺ 정부 ⇨ 레이지-임

3128 ① ② ③

짐들을 다른 지역으로 어떻게 옮기나요?
리어카에 전부 싣고 옮깁니다.
☺ 지역 ⇨ 리-전

3129 ① ② ③

1급수로 등록되어 있는 약수터는 어디있는거야?
내 집 앞 약수터잖아.
☺ 등록하다 ⇨ 레져스털

3130 ① ② ③

내가 후회할 때는 어떻게 하지?
니 구렛나루 뽑아 당기면서 후회하더라.
☺ 후회 ⇨ 리그렛

3131 ① ② ③

규칙적으로 하는 훈련방법은?
오늘도 구르고 내일도 굴러가면서 훈련 받아.
☺ 규칙적인 ⇨ 레귤러

3132 ① ② ③

걸레는 언제 빨기로 조절했어?
우리, 걸레 이틀에 한 번씩 빨기로 했어.
☺ 조절하다 ⇨ 레귤레이트

3121 피난소	3122 피난민	3123 갚다

① ② ③ ④ ⑤	① ② ③ ④ ⑤	① ② ③ ④ ⑤

3124 거절하다	3125 회복하다	3126 주시하다

① ② ③ ④ ⑤	① ② ③ ④ ⑤	① ② ③ ④ ⑤

3127 정부	3128 지역	3129 등록하다

① ② ③ ④ ⑤	① ② ③ ④ ⑤	① ② ③ ④ ⑤

3130 후회	3131 규칙적인	3132 조절하다

① ② ③ ④ ⑤	① ② ③ ④ ⑤	① ② ③ ④ ⑤

3121	refuge [réfju:dʒ]	① ② ③ ④		피난, 피난처	① ② ③ ④
3122	refugee [rèfjudʒí]	① ② ③ ④		피난자, 난민	① ② ③ ④
3123	refund [rí:fʌnd]	① ② ③ ④		환불(하다), 갚다	① ② ③ ④
3124	refuse [rifjú:z]	① ② ③ ④		거절하다, 사절하다	① ② ③ ④
3125	regain [rigéin]	① ② ③ ④		회복하다, 되찾다	① ② ③ ④
3126	regard [rigá:rd]	① ② ③ ④		주시하다, 중시하다, 관계하다, 주목, 마음 씀	① ② ③ ④
3127	regime [reiʒí:m,ri-]	① ② ③ ④		정권, 정부, 사회 조직(제도)	① ② ③ ④
3128	region [rídʒ-ən]	① ② ③ ④		지역, 분야	① ② ③ ④
3129	register [rédʒistər]	① ② ③ ④		등록(기록)하다, 표시하다, 등기로 하다	① ② ③ ④
3130	regret [rigrét]	① ② ③ ④		후회하다, 유감스러워하다, 후회, 유감, 애도	① ② ③ ④
3131	regular [régjələ:r]	① ② ③ ④		규칙적인, 정돈된, 정규의, 정규 선수	① ② ③ ④
3132	regulate [régjəlèit]	① ② ③ ④		규정하다, 조절하다, 정리하다	① ② ③ ④

✓ STEP 1

3133 ① ② ③

규칙은 조정 할 수 없나요?
우리 **규율**에 있어선 바꿀 수 없어.
☺ 규칙 ⇨ 레결레이션

3134 ① ② ③

공연 전에 하는 예행**연습**을 뭐라 하지?
리허설!
☺ 연습 ⇨ 리허-설

3135 ① ② ③

국가를 **통치**했다는 건 인생에 어떤 의미야?
내 인생의 영광이야.
☺ 통치 ⇨ 레인

3136 ① ② ③

경비 **강화하라고** 메모는 남겼어?
아파트 관리인에게 포스트잇으로
남겼어.
☺ 강화하다 ⇨ 리-인포-스

3137 ① ② ③

조종사가 기내식을 **거절했어?**
우리 제트기를 조종하느라 바빴어.
☺ 거절하다 ⇨ 리젝트

3138 ① ② ③

운동회에서 선생님을 **기쁘게 하려면?**
우리 조에서 꼭 일등 해야 해.
☺ 기쁘게 하다 ⇨ 리죠이스

3139 ① ② ③

선생님이 **이야기한** 종목이 뭐지?
릴레이가 특히 중요하다고
이야기하셨어.
☺ 이야기하다 ⇨ 릴레이트

3140 ① ② ③

긴장을 **늦추다가** 어떻게 됐어?
공사현장에서 **일냈어.**
☺ 늦추다 ⇨ 릴랙스

3141 ① ② ③

시험 전에 긴장을 **완화시키자?**
우리네 셋이선 잘할 거라고 서로
용기를 줘.
☺ 완화 ⇨ 릴랙세이션

3142 ① ② ③

갈아타는 말이 없으면 경기가 취소
돼?
응, 승마 **릴레이** 경기가 취소돼.
☺ 갈아타는 말 ⇨ 릴-레이

3143 ① ② ③

죄수를 **석방해 주려면** 어떻게 하면
되지?
보초병에게 릴리(lily) 주어라.
☺ 석방하다 ⇨ 릴리-스

3144 ① ② ③

신데렐라와 **관련되어** 못된 계모가?
신데렐라를 번번이 트집 잡았어.
☺ 관련된 ⇨ 릴러번트

3133 규칙	3134 연습	3135 통치
① ② ③ ④ ⑤	① ② ③ ④ ⑤	① ② ③ ④ ⑤
3136 강화하다	3137 거절하다	3138 기쁘게 하다
① ② ③ ④ ⑤	① ② ③ ④ ⑤	① ② ③ ④ ⑤
3139 이야기하다	3140 늦추다	3141 완화
① ② ③ ④ ⑤	① ② ③ ④ ⑤	① ② ③ ④ ⑤
3142 갈아타는 말	3143 석방하다	3144 관련된
① ② ③ ④ ⑤	① ② ③ ④ ⑤	① ② ③ ④ ⑤

		①	②			①	②
3133	**regulation** [règjəléiʃ-ən]	③	④		규칙, 규정, 조례, 조정	③	④
3134	**rehearsal** [rihə́:rs-əl]	① ③	② ④		연습, 시연	① ③	② ④
3135	**reign** [rein]	① ③	② ④		치세, 통치, 지배(하다), 군림하다	① ③	② ④
3136	**reinforce** [rí:infɔ́:rs]	① ③	② ④		강화하다, 보강하다	① ③	② ④
3137	**reject** [ridʒékt]	① ③	② ④		거절하다, 물리치다	① ③	② ④
3138	**rejoice** [ridʒɔ́is]	① ③	② ④		기뻐하다, 기쁘게 하다	① ③	② ④
3139	**relate** [riléit]	① ③	② ④		이야기하다, 말하다, 관련시키다	① ③	② ④
3140	**relax** [rilǽks]	① ③	② ④		늦추다, 느슨해지다	① ③	② ④
3141	**relaxation** [rì:lækséiʃ-ən]	① ③	② ④		느슨해짐, 완화, 이완	① ③	② ④
3142	**relay** [rí:lei]	① ③	② ④		갈아타는 말, 계주 경기	① ③	② ④
3143	**release** [rilí:s]	① ③	② ④		놓아주다, 석방하다, 석방, 면제	① ③	② ④
3144	**relevant** [réləvənt]	① ③	② ④		관련된	① ③	② ④

✓ STEP 1

3145 ① ② ③

아기 고릴라에게 **의지가 되는** 방법은?
고**릴라** 아이에게 **업**을 인형을 줘.
☺ 의지가 되는 ⇨ 릴라이어블

3146 ① ② ③

누구의 **유물**이 내일 공개 되지?
낼(내일)은 **닉슨** 대통령!
☺ 유물 ⇨ 렐릭

3147 ① ② ③

배우들의 부담을 **덜어주는** 방법은?
연극을 1, 2**부**로 나누면 돼.
☺ 덜어주다 ⇨ 릴리-브

3148 ① ② ③

남친이 **종교**에 빠져버렸어?
종교 때문에 **닐**(너를) **잊은** 그 사람과
헤어져!
☺ 종교 ⇨ 릴리전

3149 ① ② ③

요리사가 국물의 **맛**을 낼 때 어떻게
하지?
노**랠**(노래를) **잉글리쉬**로 부른다.
☺ 맛 ⇨ 렐리쉬

3150 ① ② ③

억지로 **마지못해 하면서** 촬영을 한 게
누구?
릴렉스하고 있던 스**턴트**맨이야.
☺ 마지못해 하는 ⇨ 릴럭턴트

3151 ① ② ③

선수들끼리 서로 **신뢰해야** 좋은
성적을 낼 수 있는 경주는?
릴레이 경주!
☺ 신뢰하다 ⇨ 릴라이

3152 ① ② ③

남아있는 요리는 뭐지?
코스 요리 메인 요리가 남아있어.
☺ 남아 있다 ⇨ 리메인

3153 ① ② ③

경찰의 상징이 무엇인지 **말해 봐요?**
독수**리 마**크입니다.
☺ 말하다 ⇨ 리마-크

3154 ① ② ③

뛰어난 솜씨로 할 수 있는 것은?
이마로 컵을 깨는 것.
☺ 뛰어난 ⇨ 리마-커블

3155 ① ② ③

어디 **치료**해 줄까?
내 **머리**에 상처 났어요.
☺ 치료 ⇨ 레머디

3156 ① ② ③

작년에 대상 받은 것 **기억나니?**
그래 우리 **멤버**가 대회에서 우승했지.
☺ 기억하고 있다 ⇨ 리멤벌

3145 의지가 되는	3146 유물	3147 덜어주다
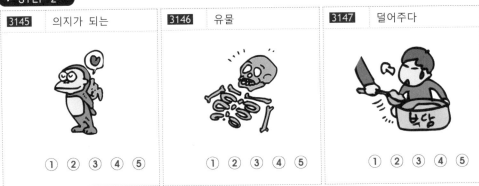		
① ② ③ ④ ⑤	① ② ③ ④ ⑤	① ② ③ ④ ⑤

3148 종교	3149 맛	3150 마지못해 하는

① ② ③ ④ ⑤	① ② ③ ④ ⑤	① ② ③ ④ ⑤

3151 신뢰하다	3152 남아 있다	3153 말하다

① ② ③ ④ ⑤	① ② ③ ④ ⑤	① ② ③ ④ ⑤

3154 뛰어난	3155 치료	3156 기억하고 있다

① ② ③ ④ ⑤	① ② ③ ④ ⑤	① ② ③ ④ ⑤

3145	reliable [riláiəb-əl]	① ② ③ ④		의지가 되는	① ② ③ ④
3146	relic [rélik]	① ② ③ ④		유물, 유적, 유골	① ② ③ ④
3147	relieve [rilí:v]	① ② ③ ④		덜어주다, 안도시키다, 구제하다	① ② ③ ④
3148	religion [rilídʒən]	① ② ③ ④		종교, 신앙(심)	① ② ③ ④
3149	relish [réliʃ]	① ② ③ ④		맛, 풍미, 흥미, 양념, 맛을 내다	① ② ③ ④
3150	reluctant [rilʌ́ktənt]	① ② ③ ④		마지못해 하는, 꺼리는	① ② ③ ④
3151	rely [riláI]	① ② ③ ④		의지하다, 신뢰하다	① ② ③ ④
3152	remain [riméin]	① ② ③ ④		남(아 있)다, 여전히~이다, 잔존물	① ② ③ ④
3153	remark [rimá:rk]	① ② ③ ④		말하다, 촌평하다, 주의하다, 언급	① ② ③ ④
3154	remarkable [rimá:rkəb-əl]	① ② ③ ④		주목할 만한, 현저한, 남다른, 훌륭한	① ② ③ ④
3155	remedy [rémədi]	① ② ③ ④		치료, 구제책, 고치다	① ② ③ ④
3156	remember [rimémbə:r]	① ② ③ ④		상기하다, 기억하고 있다	① ② ③ ④

✓ STEP 1

3157 ① ② ③

리마씨를 보면 **생각나는** 것은?
리마씨의 외모가 남미**인**들을 생각나게 해.
☺ 생각나게 하다 ⇨ 리마인드

3158 ① ② ③

먼 친척들이 잔치에 오신다며?
이모도 오신대.
☺ 먼 ⇨ 리모우트

3159 ① ② ③

매니큐어를 **제거하는** 약품은?
리무버!
☺ 제거하다 ⇨ 리무-브

3160 ① ② ③

인간의 지적 **부흥**을 뭐라 해?
르네상스!

☺ 부흥 ⇨ 레너시-안스

3161 ① ② ③

결혼식에 가서 **주는** 것은?
축의금을 **낸다.**

☺ 주다 ⇨ 렌더

3162 ① ② ③

되찾아 오라는 게 뭐야?
니 **누**나가 빼앗아간 공책을
되찾아오란 말이야.
☺ 되찾다 ⇨ 리뉴-

3163 ① ② ③

뉴스 진행을 **포기한** 아나운서는
누구야?
우리 회사 아**나운서!**
☺ 포기하다 ⇨ 리나운스

3164 ① ② ③

뱃살비만을 **개선하는** 방법 있어?
내가 **너 배살 이**틀 만에 없애줄게.

☺ 개선하다 ⇨ 레너베이트

3165 ① ② ③

우리 **명성**이 언제부터 높아졌지?
TV에 우리가 **나온** 후에 높아졌어.

☺ 명성 ⇨ 리나운

3166 ① ② ③

유명한 관광지를 언제 방문했어?
우리는 공항을 **나온 뒤** 바로 방문을
했어.
☺ 유명한 ⇨ 리나운드

3167 ① ② ③

차가 없어서 무엇을 **빌려** 타고 갔어?
렌트카!

☺ 빌리다 ⇨ 렌트

3168 ① ② ③

어디를 **수리할까요?**
저기 천정에 멀리 **페어** 있는 부분을
수리해 주세요.
☺ 수리하다 ⇨ 리페어

3157 생각나게 하다	3158 먼	3159 제거하다
① ② ③ ④ ⑤	① ② ③ ④ ⑤	① ② ③ ④ ⑤
3160 부흥	3161 주다	3162 되찾다
① ② ③ ④ ⑤	① ② ③ ④ ⑤	① ② ③ ④ ⑤
3163 포기하다	3164 개선하다	3165 명성
① ② ③ ④ ⑤	① ② ③ ④ ⑤	① ② ③ ④ ⑤
3166 유명한	3167 빌리다	3168 수리하다
① ② ③ ④ ⑤	① ② ③ ④ ⑤	① ② ③ ④ ⑤

		①	②			①	②
3157	remind [rimáind]	③	④		생각나게 하다	③	④
3158	remote [rimóut]	①	②		먼, 외딴, 먼 곳의, 관계가 적은, 희미한	①	②
		③	④			③	④
3159	remove [rimú:v]	①	②		옮기다, 제거하다, 내쫓다	①	②
		③	④			③	④
3160	renaissance [rənéisáns]	①	②		부흥, 부활	①	②
		③	④			③	④
3161	render [réndər]	①	②		주다, ~을 ~하게 하다, 표현하다	①	②
		③	④			③	④
3162	renew [rinjú:]	①	②		새롭게 하다, 되찾다	①	②
		③	④			③	④
3163	renounce [rináuns]	①	②		포기하다, 부인하다	①	②
		③	④			③	④
3164	renovate [rénəvèit]	①	②		새롭게 하다, 수선하다, 개선하다	①	②
		③	④			③	④
3165	renown [rináun]	①	②		명성, 영명	①	②
		③	④			③	④
3166	renowned [rináund]	①	②		유명한, 명성이 있는	①	②
		③	④			③	④
3167	rent [rent]	①	②		빌리다(빌려주다),임차(대)하다, 임대료	①	②
		③	④			③	④
3168	repair [ripέər]	①	②		수리하다, 되찾다, 수리, 수선	①	②
		③	④			③	④

✓ STEP 1

3169 ① ② ③

뭘 갚으라는 거야?
니가 밀린 페이(pay)를 갚으라는 거야.
☺ 갚다 ⇨ 리페이

3170 ① ② ③

반복하여 싸우며 사는 톱스타 부부는?
안젤리나졸리와 브래드피트!
☺ 반복하다 ⇨ 리피-트

3171 ① ② ③

드레스에 레이스를 대신하여 사용한 것?
꽃잎을 레이스 대신으로 장식했어.
☺ 대신하다 ⇨ 리플레이스

3172 ① ② ③

반대편으로 접은 걸 붙인 것은?
내 풀로 케이트 의 작품에 붙였어.
☺ 반대편으로 접다 ⇨
레플러케이트

3173 ① ② ③

내 블로그에는 응답이 좀 있었어?
리플을 다는 아이들이 많았어.
☺ 응답 ⇨ 리플라이

3174 ① ② ③

교수님한테 좋은 평판을 받았어?
과제로 낸 리포트가 좋은 평판을 받았어.
☺ 평판 ⇨ 리포-트

3175 ① ② ③

휴식을 취하는 방법은?
그저 우리 편한 포즈로 있으면 돼.
☺ 휴식 ⇨ 리포우즈

3176 ① ② ③

궁금해, 뭔지 말해 줄래?
내가 받은 프리젠트(present)야.
☺ 말하다 ⇨ 레프리젠트

3177 ① ② ③

우리가 대표적인 브랜드로 성장한 이유는?
우리가 쓰는 풀이, 이젠 더 TV에서
유명해 졌어.
☺ 대표적인 ⇨ 레프리젠터티브

3178 ① ② ③

화가 날 때 억누르는 방법은?
튤립을 입에 물면 내 스스로 화가
가라앉아.
☺ 억누르다 ⇨ 리프레스

3179 ① ② ③

왜 날 비난하는 거야?
네가 내 브로치 망가뜨렸잖아!
☺ 비난 ⇨ 리프로우취

3180 ① ② ③

연주를 재현해낸 방법이 뭐지?
풀잎(잎)으로 두 스페인 곡을
재현했어.
☺ 재현하다 ⇨ 리-프러듀우스

3169 갚다	3170 반복하다	3171 대신하다
① ② ③ ④ ⑤	① ② ③ ④ ⑤	① ② ③ ④ ⑤
3172 반대편으로 접다	3173 응답	3174 평판
① ② ③ ④ ⑤	① ② ③ ④ ⑤	① ② ③ ④ ⑤
3175 휴식	3176 말하다	3177 대표적인
① ② ③ ④ ⑤	① ② ③ ④ ⑤	① ② ③ ④ ⑤
3178 억누르다	3179 비난	3180 재현하다
① ② ③ ④ ⑤	① ② ③ ④ ⑤	① ② ③ ④ ⑤

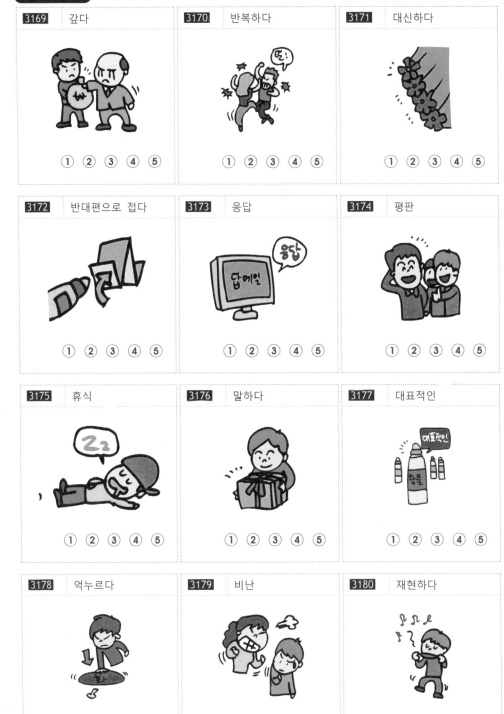

3169	**repay** [ripéɪ]	① ② ③ ④		갚다, 반환하다, 보답하다	① ② ③ ④
3170	**repeat** [ripíːt]	① ② ③ ④		반복하다, 되풀이하다	① ② ③ ④
3171	**replace** [ripléis]	① ② ③ ④		대신하다, 되돌리다	① ② ③ ④
3172	**replicate** [répləkèit]	① ② ③ ④		반대편으로 접다, 모사하다	① ② ③ ④
3173	**reply** [ripláɪ]	① ② ③ ④		대답하다, 응답	① ② ③ ④
3174	**report** [ripɔ́ːrt]	① ② ③ ④		보고하다, 취재하다, 보고서, 평판	① ② ③ ④
3175	**repose** [ripóuz]	① ② ③ ④		휴식, 수면, 휴식하다, 눕히다	① ② ③ ④
3176	**represent** [reprizént]	① ② ③ ④		묘사하다, 말하다, 대표하다	① ② ③ ④
3177	**representative** [rèprizéntətiv]	① ② ③ ④		대표적인, 대리하는, 표시하는, 대표자	① ② ③ ④
3178	**repress** [riprés]	① ② ③ ④		억누르다, 저지하다	① ② ③ ④
3179	**reproach** [ripróutʃ]	① ② ③ ④		비난하다, 비난, 책망	① ② ③ ④
3180	**reproduce** [riːprədjúːs]	① ② ③ ④		재생하다, 복사하다, 생식하다, 재현하다	① ② ③ ④

✓ STEP 1

3181 ① ② ③

문제를 못 푼 아이를 **꾸짖으며**
선생님은?
니가 다시 **풀어봐!** 말씀하셨어.
☺ 꾸짖다 ➪ 리프루-브

3182 ① ② ③

파충류를 발견하면 어떻게 하지?
냅다 들고 튀어!
☺ 파충류 ➪ 렙틸

3183 ① ② ③

공화국에서 지시한 것은?
요리법을 에릭 의원에게 전수하라고
했어.
☺ 공화국 ➪ 리퍼블릭

3184 ① ② ③

왜 **불쾌한** 기분이 들었어?
머리에 꽂은 리본이 펄럭거려 십분간
불쾌했어.
☺ 불쾌한 ➪ 리펄시브

3185 ① ② ③

평판이 좋은 네 손을 보면 사람들이
뭐라고 해?
예쁘대 이 손이!
☺ 평판 ➪ 레퍼테이션

3186 ① ② ③

출연을 **신청한** 쇼는 어떤 거야?
리퀘스트 쇼야.
☺ 신청하다 ➪ 리케스트

3187 ① ② ③

저 냉장고가 **필요해요**, 당첨됐나요?
니 꽝이여!
☺ 필요로 하다 ➪ 리콰이어

3188 ① ② ③

그 친구 여행 **필수품**을 어떻게
구했지?
내가 꿔줬어!
☺ 필수품 ➪ 레퀴지트

3189 ① ② ③

불났을 때 주인을 **구조한** 것은?
애써 키운 강아지가 구조했어.
☺ 구조 ➪ 레스큐-

3190 ① ② ③

그 **연구원**이 하는 일은?
전화 리서치를 분석하는 일이지.
☺ 연구 ➪ 리서-취

3191 ① ② ③

뭐가 고추장과 **닮은** 것 같아?
이 잼의 붉은색이 닮았어.
☺ ~을 닮다 ➪ 리젬벌

3192 ① ② ③

화내는 이유가 뭐야?
이젠 트집을 막 잡고 싶어.
☺ 화내다 ➪ 리젠트

3181 꾸짖다	3182 파충류	3183 공화국

① ② ③ ④ ⑤	① ② ③ ④ ⑤	① ② ③ ④ ⑤

3184 불쾌한	3185 평판	3186 신청하다

① ② ③ ④ ⑤	① ② ③ ④ ⑤	① ② ③ ④ ⑤

3187 필요로 하다	3188 필수품	3189 구조

① ② ③ ④ ⑤	① ② ③ ④ ⑤	① ② ③ ④ ⑤

3190 연구	3191 ~을 닮다	3192 화내다

① ② ③ ④ ⑤	① ② ③ ④ ⑤	① ② ③ ④ ⑤

3181	reprove [riprúːv]	① ② ③ ④		꾸짖다, 비난하다	① ② ③ ④
3182	reptile [réptil,-tail]	① ② ③ ④		파충류 동물	① ② ③ ④
3183	republic [ripʌ́blik]	① ② ③ ④		공화국	① ② ③ ④
3184	repulsive [ripʌ́lsiv]	① ② ③ ④		되쫓아버리는, 박차는, 불쾌한	① ② ③ ④
3185	reputation [répjutéiʃən]	① ② ③ ④		평판, 명성	① ② ③ ④
3186	request [rikwést]	① ② ③ ④		요구, 수요, 구하다, 신청하다	① ② ③ ④
3187	require [rikwáiər]	① ② ③ ④		요구하다, 필요로 하다	① ② ③ ④
3188	requisite [rékwəzit]	① ② ③ ④		필요한, 필수품	① ② ③ ④
3189	rescue [réskjuː]	① ② ③ ④		구출하다, 구출, 구조	① ② ③ ④
3190	research [risə́ːrtʃ]	① ② ③ ④		연구, 조사(하다)	① ② ③ ④
3191	resemble [rizémbl]	① ② ③ ④		~을 닮다, ~와 공통점이 있다	① ② ③ ④
3192	resent [rizént]	① ② ③ ④		~에 화내다, 골내다	① ② ③ ④

✓ STEP 1

3193 ① ② ③

예약이 안 된다고 하니 어떻게 했어?
예약서류를 **레이저**로 **베어**선
도망갔어.
☺ 예약 ⇨ 레저베이션

3194 ① ② ③

음식을 왜 따로 **떼어 놓니**?
우리 **저분**께 드릴 음식이야, 예약
손님이야.
☺ 떼어두다 ⇨ 리저-브

3195 ① ② ③

밤에 **저수지**에 갈수 있어?
가 볼래? 저 봐! 무서워서 못가지.
☺ 저수지 ⇨ 레저브와-

3196 ① ② ③

모나리자가 늘 먹고 **살았다**는 음식은?
모나**리자**는 마멀레**이드**를 먹었대.
☺ 살다 ⇨ 리-자이드

3197 ① ② ③

이 **주택**에는 누가 살고 있지?
레지던트(병원 수련인)가 **살**고 있어.
☺ 주택 ⇨ 레지던스

3198 ① ② ③

사임하신다는 선생님은?
우리 디**자인** 선생님!
☺ 사임하다 ⇨ 리자인

3199 ① ② ③

성공하려면 반드시 **견뎌야 하는** 것은?
니가 **지금** 받는 **스트**레스야.
☺ 견디다 ⇨ 리지스트

3200 ① ② ③

모나리자를 보고 **결심한** 것은?
모나**리잘** 부러워하지 않기로
결심했어!
☺ 결심하다 ⇨ 리잘브

3201 ① ② ③

올 여름엔 **유흥지**에 갈 거야?
응, **리조트**에서 즐길 거야.
☺ 유흥지 ⇨ 리조-트

3202 ① ② ③

자원을 동원해서 뭘 해?
우리는 맛있는 **소스**를 개발하고 있어!
☺ 자원 ⇨ 리소-스

3203 ① ② ③

존경하는 분을 위해서 해야 할 일은?
우리는 **수백** 개의 **트리**를 준비해야
해.
☺ 존경하다 ⇨ 리스펙트

3204 ① ② ③

왜 우리가 **훌륭하다**는 말을 들었어?
우리가 **수백** 개의 **테이블**을 준비해서.
☺ 훌륭한 ⇨ 리스펙터블

113

3193 예약	3194 떼어두다	3195 저수지

① ② ③ ④ ⑤	① ② ③ ④ ⑤	① ② ③ ④ ⑤

3196 살다	3197 주택	3198 사임하다

① ② ③ ④ ⑤	① ② ③ ④ ⑤	① ② ③ ④ ⑤

3199 견디다	3200 결심하다	3201 유흥지

① ② ③ ④ ⑤	① ② ③ ④ ⑤	① ② ③ ④ ⑤

3202 자원	3203 존경하다	3204 훌륭한

① ② ③ ④ ⑤	① ② ③ ④ ⑤	① ② ③ ④ ⑤

3193	**reservation** [rèzəːrvéiʃ-ən]	① ② ③ ④		예약	① ② ③ ④
3194	**reserve** [rizə́ːrv]	① ② ③ ④		떼어두다, 비축하다, 예약하다	① ② ③ ④
3195	**reservoir** [rézərvwὰːr]	① ② ③ ④		저장소, 저수지	① ② ③ ④
3196	**reside** [rizáid]	① ② ③ ④		살다, 존재하다, 주어져 있다	① ② ③ ④
3197	**residence** [rézid-əns]	① ② ③ ④		주거, 주택, 거주, 소재	① ② ③ ④
3198	**resign** [rizáin]	① ② ③ ④		사임하다, 포기하다	① ② ③ ④
3199	**resist** [rizíst]	① ② ③ ④		저항하다, 견디다, 삼가다	① ② ③ ④
3200	**resolve** [rizálv]	① ② ③ ④		용해하다, 분석하다, 결심하다, 해결하다	① ② ③ ④
3201	**resort** [rizɔ́ːrt]	① ② ③ ④		유흥지, 의지(하다)	① ② ③ ④
3202	**resource** [risɔ́ːrs]	① ② ③ ④		자원, 수단, 연구력	① ② ③ ④
3203	**respect** [rispékt]	① ② ③ ④		존경하다, 존중하다, 존경, 존중	① ② ③ ④
3204	**respectable** [rispéktəb-əl]	① ② ③ ④		존경할 만한, 훌륭한	① ② ③ ④

✓ STEP 1

3205 ① ② ③

예의 **바른** 리스는 무엇을 하고 있지?
리스가 **펙트**를 들고 **풀**밭에서 화장해.

☺ 예의바른 ⇨ 리스펙트펄

3206 ① ② ③

각자의 영상으로 가득 찬 저 건물은?
이 수백 대의 **티브**이들을 쌓아 만든
작품이야.

☺ 각자의 ⇨ 리스펙티브

3207 ① ② ③

호흡이 잘 안 되는 곳은?
내 슈퍼에선 호흡이 잘 안 돼!

☺ 호흡 ⇨ 레스퍼레이션

3208 ① ② ③

세일 행사에서 **반응**이 좋았던 바지는?
'**리**(Lee)' 스판 청바지**도** 반응이 좋아.

☺ 반응하다 ⇨ 리스판드

3209 ① ② ③

책임지고 받아와야 할 옷은?
니 스폰서가 **빌려간 티셔츠**야!

☺ 책임 ⇨ 리스판서빌러티

3210 ① ② ③

우리가 서로 **신뢰** 할 수 있으려면?
니 스폰서 불러서 상의해야 돼!

☺ 신뢰할 수 있는 ⇨ 리스판서벌

3211 ① ② ③

휴식을 취해야 풀리는 것은?
원래 스트레스는 휴식을 취해야 풀려.

☺ 휴식 ⇨ 레스트

3212 ① ② ③

왜 내가 **침착하지 못하지**?
네 스트레스를 감당하지 못해서 그래.

☺ 침착하지 못한 ⇨ 레스틀리스

3213 ① ② ③

복구하고 있는 가게는 누구 거야?
부서졌던 **니 스토어**(store)잖아!

☺ 복구하다 ⇨ 리스토어

3214 ① ② ③

국경지대에서 운행이 **제지된**
교통수단은?
리스본행 **트레인!**(train)

☺ 제지하다 ⇨ 리-스트레인

3215 ① ② ③

통행을 **제한하는** 도로는?
우리 학교 뒤 **스트리트!**(street)

☺ 제한하다 ⇨ 리스트릭트

3216 ① ② ③

그 학생의 **성과**가 높은 이유는?
우리가 잘 때도 **특별**히 공부했기
때문이야.

☺ 성과 ⇨ 리절트

116

3205 예의바른	3206 각자의	3207 호흡

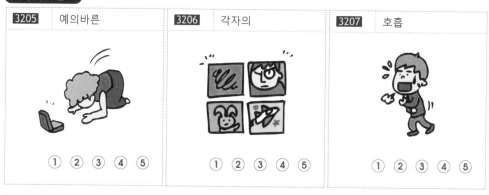

① ② ③ ④ ⑤　　① ② ③ ④ ⑤　　① ② ③ ④ ⑤

3208 반응하다	3209 책임	3210 신뢰할 수 있는

① ② ③ ④ ⑤　　① ② ③ ④ ⑤　　① ② ③ ④ ⑤

3211 휴식	3212 침착하지 못한	3213 복구하다

① ② ③ ④ ⑤　　① ② ③ ④ ⑤　　① ② ③ ④ ⑤

3214 제지하다	3215 제한하다	3216 성과

① ② ③ ④ ⑤　　① ② ③ ④ ⑤　　① ② ③ ④ ⑤

3205	respectful [rispéktfəl]	①	②		경의를 표하는, 예의바른	①	②
		③	④			③	④
3206	respective [rispéktiv]	①	②		각각의, 각자의	①	②
		③	④			③	④
3207	respiration [respəréiʃən]	①	②		호흡(작용)	①	②
		③	④			③	④
3208	respond [rispánd]	①	②		응답하다, 반응하다	①	②
		③	④			③	④
3209	responsibility [rispànsəbíləti]	①	②		책임, 의무	①	②
		③	④			③	④
3210	responsible [rispánsəb-əl]	①	②		책임 있는, 신뢰할 수 있는	①	②
		③	④			③	④
3211	rest [rest]	①	②		휴식, 안정, 나머지, 쉬다, 놓다	①	②
		③	④			③	④
3212	restless [réstlis]	①	②		침착하지 못한, 끊임없는	①	②
		③	④			③	④
3213	restore [ristɔ́:r]	①	②		되돌리다, 되찾다, 복구하다	①	②
		③	④			③	④
3214	restrain [ristréin]	①	②		제지하다, 억누르다	①	②
		③	④			③	④
3215	restrict [ristríkt]	①	②		제한하다, 한정하다	①	②
		③	④			③	④
3216	result [rizʌ́lt]	①	②		결과, 성과	①	②
		③	④			③	④

✓ STEP 1

3217 ① ② ③

동생으로부터 빼앗아 **다시 차지한** 것은?
프리즘!
☺ 다시 차지하다 ⇨ 리쥬-움

3218 ① ② ③

소매상에게 빌려준 돈 받았어?
우리 돈 떼일 뻔 했어.
☺ 소매하다 ⇨ 리-테일

3219 ① ② ③

계산에서 **보류한** 돈은?
우리가 떼인 돈이야.
☺ 보류하다 ⇨ 리테인

3220 ① ② ③

정신 **발달이 늦은** 아이는 어떻게
뛰어?
오리 탈을 쓰고 뒤도 안 돌아봐.
☺ 발달이 늦은 ⇨ 리타-디드

3221 ① ② ③

언제 **은퇴**를 결심했니?
나리타공항으로 **이어지는** 도로를
달리다가 결심했어.
☺ 은퇴하다 ⇨ 리타이어

3222 ① ② ③

은퇴 멘트는 구상했어?
유리가 **타이어**에 박혀 수리하는 동안
멘트 구상했어.
☺ 은퇴 ⇨ 리타이어먼트

3223 ① ② ③

회사에 **보복하려고** 어떤 일을
저질렀어?
자일리톨을 트럭에 싣고 도망갔어.
☺ 보복하다 ⇨ 리토-트

3224 ① ② ③

어떻게 **물러갈까?**
이 트리(tree), 트럭에 싣고 물러가.
☺ 물러가다 ⇨ 리트리-트

3225 ① ② ③

소방관이 **구해온** 것은?
우리 트리(tree)를 불 속에서 구했어.
☺ 구하다 ⇨ 리트리-브

3226 ① ② ③

왜 친구들이 **다시 모이재?**
우리 유년시절로 돌아가 보자는 거야.
☺ 재결합 ⇨ 리-유-니언

3227 ① ② ③

다 쓴 병을 **다시 이용하는** 이유는?
이유인 즉, 환경보호를 위해서야.
☺ 다시 이용하다 ⇨ 리-유-즈

3228 ① ② ③

폭로하겠다는 협박에 어떻게
대응했어?
머리를 조아리고 빌었어.
☺ 폭로하다 ⇨ 리비-일

3217 다시 차지하다	3218 소매하다	3219 보류하다

① ② ③ ④ ⑤	① ② ③ ④ ⑤	① ② ③ ④ ⑤

3220 발달이 늦은	3221 은퇴하다	3222 은퇴

① ② ③ ④ ⑤	① ② ③ ④ ⑤	① ② ③ ④ ⑤

3223 보복하다	3224 물러가다	3225 구하다

① ② ③ ④ ⑤	① ② ③ ④ ⑤	① ② ③ ④ ⑤

3226 재결합	3227 다시 이용하다	3228 폭로하다

① ② ③ ④ ⑤	① ② ③ ④ ⑤	① ② ③ ④ ⑤

3217	resume [rizú:m]	① ② ③ ④		다시 차지하다, 다시 시작하다	① ② ③ ④
3218	retail [rí:teil]	① ② ③ ④		소매의(로), 소매하다	① ② ③ ④
3219	retain [ritéin]	① ② ③ ④		유지하다, 보류하다, 고용하다	① ② ③ ④
3220	retarded [ritá:rdid]	① ② ③ ④		발달이 늦은	① ② ③ ④
3221	retire [ritáiə:r]	① ② ③ ④		사직하다, 물러가다, 퇴거(은퇴)하다	① ② ③ ④
3222	retirement [ritáiə:rmənt]	① ② ③ ④		은퇴, 퇴직, 철수	① ② ③ ④
3223	retort [ritɔ́:rt]	① ② ③ ④		반박하다, 보복하다	① ② ③ ④
3224	retreat [ritrí:t]	① ② ③ ④		물러가다, 퇴각, 철수	① ② ③ ④
3225	retrieve [ritrí:v]	① ② ③ ④		만회하다, 구하다	① ② ③ ④
3226	reunion [ri:jú:njən]	① ② ③ ④		(오랫동안 못 본 사람들의 친목) 모임, 동창회, 재회, 재설합	① ② ③ ④
3227	reuse [ri:jú:z]	① ② ③ ④		다시 이용하다	① ② ③ ④
3228	reveal [rivi:l]	① ② ③ ④		폭로하다, 드러내다, 계시하다	① ② ③ ④

✓ STEP 1

3229 ① ② ③

복수극이 일어난 곳은?
2번지야.

☺ 복수하다 ⇨ 리벤쥐

3230 ① ② ③

복수심에 불타는 이유는?
그 사람이 우리 반지를 풀 속에
버렸기 때문이야.

☺ 복수심에 불타는 ⇨ 리벤쥐펄

3231 ① ② ③

소득계산기는 어떻게 작동하지?
레버(지렛대)를 누르면 돼.

☺ 소득 ⇨ 레버뉴-

3232 ① ② ③

존경하는 선생님의 사진을 어디에
두었어?
무르고 내다 버렸어.

☺ 존경 ⇨ 레버런스

3233 ① ② ③

공상 과학 소설을 안 쓰는 이유는?
다 내버리고 추리소설을 쓰고 있어.

☺ 공상 ⇨ 레버리

3234 ① ② ③

거꾸로 입는 청바지는?
리바이스 청바지야.

☺ 거꾸로 하다 ⇨ 리버-스

3235 ① ② ③

이 책에 대해 **재조사**해 오라는 게
뭐야?
이 책 **리뷰**를 재조사해 오래.

☺ 재조사 ⇨ 리뷰-

3236 ① ② ③

페인트 색깔을 **바꿔**줄까?
이봐, 잊지 말고 바꿔 줘!

☺ 바꾸다 ⇨ 리바이즈

3237 ① ② ③

신은 언제 **부활한다**고 믿니?
이봐, 크리스마스이브에 부활한대.

☺ 부활하다 ⇨ 리바이브

3238 ① ② ③

누구에게 **반항**을 하라는 거야?
우리 보고 울트라맨에게 반항하래.

☺ 반항 ⇨ 리보울트

3239 ① ② ③

혁명에는 어떻게 참가해야 돼?
네 발로 선채로 참가해야 해.

☺ 혁명 ⇨ 레벌루-션

3240 ① ② ③

운동장 **돌기** 전에 뭐부터 해?
우리 **벌부터** 받고 돌아야 해.

☺ 돌다 ⇨ 리발브

3229 복수하다	3230 복수심에 불타는	3231 소득
① ② ③ ④ ⑤	① ② ③ ④ ⑤	① ② ③ ④ ⑤

3232 존경	3233 공상	3234 거꾸로 하다
① ② ③ ④ ⑤	① ② ③ ④ ⑤	① ② ③ ④ ⑤

3235 재조사	3236 바꾸다	3237 부활하다
① ② ③ ④ ⑤	① ② ③ ④ ⑤	① ② ③ ④ ⑤

3238 반항	3239 혁명	3240 돌다
① ② ③ ④ ⑤	① ② ③ ④ ⑤	① ② ③ ④ ⑤

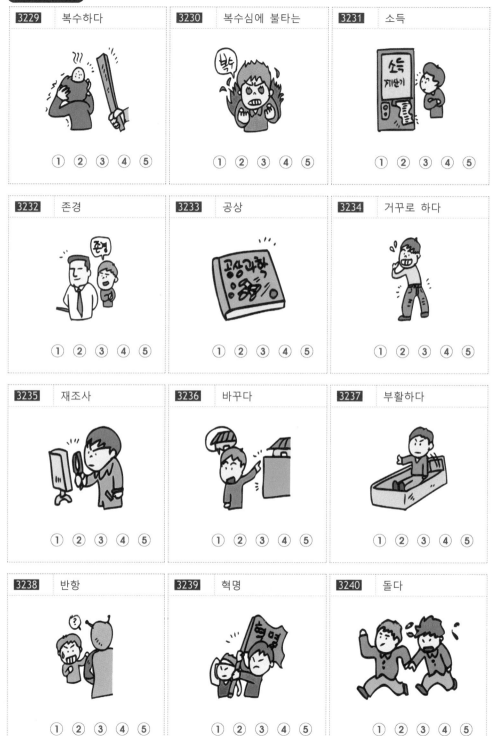

3229	revenge [rivénd3]	① ② ③ ④		복수하다, 복수, 보복	① ② ③ ④
3230	revengeful [rivénd3fəl]	① ② ③ ④		복수심에 불타는	① ② ③ ④
3231	revenue [révənjú:]	① ② ③ ④		수입, 소득, 세입	① ② ③ ④
3232	reverence [révərəns]	① ② ③ ④		존경, 숭배	① ② ③ ④
3233	reverie [révəri]	① ② ③ ④		몽상, 공상	① ② ③ ④
3234	reverse [rivə́:rs]	① ② ③ ④		거꾸로 하다, 반대의, 거꾸로의	① ② ③ ④
3235	review [rivju:]	① ② ③ ④		재조사, 복습(하다)	① ② ③ ④
3236	revise [riváiz]	① ② ③ ④		개정하다, 바꾸다	① ② ③ ④
3237	revive [riváiv]	① ② ③ ④		소생시키다, 재상연하다, 부활하다	① ② ③ ④
3238	revolt [rivóult]	① ② ③ ④		반란(을 일으키다), 반항	① ② ③ ④
3239	revolution [révəlú:ʃən]	① ② ③ ④		혁명, 회전, 선회	① ② ③ ④
3240	revolve [riválv/-vɔ́lv]	① ② ③ ④		돌다, 회전하다, 순환하다	① ② ③ ④

✓ STEP 1

3241 ① ② ③

보수를 안 받고도 도와줄 수 있어?
응, 우리 **워드** 함께 치자!
☺ 보수 ⇨ 리워-드

3242 ① ② ③

수사학에 능한 저 인물이 누구야?
러브**레터**를 잘 쓰는 에릭이야.
☺ 수사학 ⇨ 레터릭

3243 ① ② ③

운율에 맞춰 읽어야하는 책은?
나의 **라임** 오렌지 나무!
☺ 운율 ⇨ 라임

3244 ① ② ③

율동을 어디에 맞춰야 돼?
흥겨운 **리듬**에 맞춰야 해.
☺ 율동 ⇨ 리덤

3245 ① ② ③

갈비뼈는 왜 부러졌어?
립스틱 바르다 넘어져서 그래.
☺ 갈비 ⇨ 리브

3246 ① ② ③

어디까지 **제거할**까요?
잔머**리도** 제거해 주세요.
☺ 제거하다 ⇨ 리드

3247 ① ② ③

수수께끼를 누가 풀었어?
우**리들**이 모여앉아 풀었어.
☺ 수수께끼 ⇨ 리들

3248 ① ② ③

능선을 따라 이동하는 것은?
길거**리 쥐**들이야.
☺ 능선 ⇨ 리쥐

3249 ① ② ③

친구들이 왜 **비웃은거야**?
니 뒤에 있는 **귤** 밟았어.
☺ 비웃다 ⇨ 리디큐-울

3250 ① ② ③

누가 **우스운** 행동을 했어?
니 뒤 드라큘라 스스로 넘어 졌어!
☺ 우스운 ⇨ 리디컬러스

3251 ① ② ③

소총을 왜 숨겼어?
또라이가 펄쩍펄쩍 뛰어 다녀서!
☺ 소총 ⇨ 라이펄

3252 ① ② ③

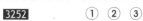

선수가 **경직되어** 있으면 어떻게 돼?
시합에서 빨리 **지더**라.
☺ 경직된 ⇨ 리쥐드

3241 보수	3242 수사학	3243 운율

① ② ③ ④ ⑤   ① ② ③ ④ ⑤   ① ② ③ ④ ⑤

3244 율동	3245 갈비	3246 제거하다

① ② ③ ④ ⑤   ① ② ③ ④ ⑤   ① ② ③ ④ ⑤

3247 수수께끼	3248 능선	3249 비웃다

① ② ③ ④ ⑤   ① ② ③ ④ ⑤   ① ② ③ ④ ⑤

3250 우스운	3251 소총	3252 경직된

① ② ③ ④ ⑤   ① ② ③ ④ ⑤   ① ② ③ ④ ⑤

3241	**reward** [riwɔ́:rd]	①	②		보답하다, 보수, 보상	①	②
		③	④			③	④
3242	**rhetoric** [rétərik]	①	②		수사(학)	①	②
		③	④			③	④
3243	**rhyme** [raim]	①	②		운율, (압)운	①	②
		③	④			③	④
3244	**rhythm** [riθ-əm]	①	②		율동, 리듬	①	②
		③	④			③	④
3245	**rib** [rib]	①	②		늑골, 갈비	①	②
		③	④			③	④
3246	**rid** [rid]	①	②		제거하다, 벗어나게 하다	①	②
		③	④			③	④
3247	**riddle** [ridl]	①	②		수수께끼	①	②
		③	④			③	④
3248	**ridge** [ridʒ]	①	②		산마루, 능선	①	②
		③	④			③	④
3249	**ridicule** [rídikju:l]	①	②		비웃다, 조소, 조롱	①	②
		③	④			③	④
3250	**ridiculous** [rɪdíkjuləs]	①	②		우스운, 어리석은, 이상한	①	②
		③	④			③	④
3251	**rifle** [rǎif-əl]	①	②		라이플총, 소총	①	②
		③	④			③	④
3252	**rigid** [rídʒid]	①	②		경직된, 굳은, 완고한	①	②
		③	④			③	④

✓ STEP 1

3253 ① ② ③

엄격한 선생님에게 걸려서 그 벌로
얼마나 걸었어?
1km 거리를 **걸었어.**
☺ 엄격한 ⇨ 리거러스

3254 ① ② ③

반지 멋있지?
내 **링**도 받아!
☺ 반지 ⇨ 링

3255 ① ② ③

머리감고 마지막에 헹구는 것은?
린스!
☺ 헹구다 ⇨ 린스

3256 ① ② ③

왜 **소동**이 벌어졌지?
S라인 만든다고 다이**어트** 한다고
소동이 벌어졌어.
☺ 소동 ⇨ 라이어트

3257 ① ② ③

찢어낸 포장 안에는 뭐가 있어?
립스틱이 있어!
☺ 찢다 ⇨ 립

3258 ① ② ③

잘 **익은** 사과는 네게 뭘 의미하지?
내 **라이프**(life)의 행복이야.
☺ 익은 ⇨ 라잎

3259 ① ② ③

평생 기회가 **무르익기**만을 기다리는
라이프는?
그런 **라이픈**(life) 무의미해!
☺ 익다 ⇨ 라이펀

3260 ① ② ③

위험을 무릅쓰고 산을 오르면 어떻게
돼?
허리 디스크가 생겨.
☺ 위험 ⇨ 리스크

3261 ① ② ③

의식을 치룰 때 어둡지 않았어?
라이트(light)를 켠 채 치러서
괜찮았어.
☺ 의식 ⇨ 라이트

3262 ① ② ③

종교 의식에 늦을까봐 어떻게 달렸니?
빨리 앞차를 **추월**해서 달렸어.
☺ 종교의식 ⇨ 리츄얼

3263 ① ② ③

왜 그는 너의 **적수**가 안 돼?
내 **나이** 뻘이지만 덩치는 훨씬 작기
때문이야.
☺ 적수 ⇨ 라이벌

3264 ① ② ③

강을 바라보며 무슨 노래 불렀어?
영화에서 나오는 문 **리버**!
☺ 강 ⇨ 리버

3253 엄격한	3254 반지	3255 헹구다

① ② ③ ④ ⑤	① ② ③ ④ ⑤	① ② ③ ④ ⑤

3256 소동	3257 찢다	3258 익은

① ② ③ ④ ⑤	① ② ③ ④ ⑤	① ② ③ ④ ⑤

3259 익다	3260 위험	3261 의식

① ② ③ ④ ⑤	① ② ③ ④ ⑤	① ② ③ ④ ⑤

3262 종교의식	3263 적수	3264 강

① ② ③ ④ ⑤	① ② ③ ④ ⑤	① ② ③ ④ ⑤

	단어	①	②		뜻	①	②
3253	rigorous [rígərəs]	③	④		엄격한, 준엄한	③	④
3254	ring [riŋ]	③	④		고리, 반지, 원	③	④
3255	rinse [rins]	③	④		헹구다, 헹굼, 린스제	③	④
3256	riot [ráiət]	③	④		폭동, 소동, 아주 웃기는 사람	③	④
3257	rip [rip]	③	④		찢다, 떼어내다	③	④
3258	ripe [raip]	③	④		익은, 숙성한	③	④
3259	ripen [ráip-ən]	③	④		익다, 익게 하다	③	④
3260	risk [risk]	③	④		~을 무릅쓰다, 위험, 모험	③	④
3261	rite [rait]	③	④		의식, 의례	③	④
3262	ritual [rit∫uəl]	③	④		종교 의식, 의식의, 관습의	③	④
3263	rival [ráiv-əl]	③	④		경쟁자, 적수	③	④
3264	river [rívəːr]	③	④		강, 다량의 흐름	③	④

✓ STEP 1

3265 ① ② ③

왜 밤길을 혼자서 **거닐었니?**
외로움 때문에 그랬어.
☺ 거닐다 ⇨ 로움

3266 ① ② ③

늑대가 밤새도록 **으르렁거린** 이유는?
외로워서 견딜 수 없었기 때문이야.
☺ 으르렁거리다 ⇨ 로얼

3267 ① ② ③

누구의 목걸이를 **강탈했지?**
랍비 목걸이를 강탈했는데.
☺ 강탈하다 ⇨ 랍

3268 ① ② ③

강도는 경찰을 보자마자 어떻게 했어?
훔친 물건을 **놔버리고** 도망갔어.

☺ 강도 ⇨ 라버리

3269 ① ② ③

건장한 로버트는 무슨 운동을 하고
있어?
로버트는 스트레칭을 하고 있어.
☺ 건장한 ⇨ 로우버스트

3270 ① ② ③

어디에서 **굴렀어?**
롤케익을 사 오다가 굴렀어.

☺ 굴리다 ⇨ 로울

3271 ① ② ③

가공적인 이야기를 쓴 소설은?
로맨스 소설!
☺ 가공적인 이야기 ⇨ 로맨스

3272 ① ② ③

지붕에서 떨어졌지?
그래서 무릎으로 기고 있어.
☺ 지붕 ⇨ 루-프

3273 ① ② ③

무가 왜 **썩었지?**
낫으로 베어서 그래.
☺ 썩음 ⇨ 로트

3274 ① ② ③

교대 근무는 어디서 해요?
로테르담에서 **이틀간** 하기로 했어요.
☺ 교대하다 ⇨ 로우테이트

3275 ① ② ③

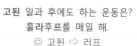

부패한 하천을 언제 보았어?
마라톤 경기 중에 보았어.
☺ 부패한 ⇨ 라튼

3276 ① ② ③

고된 일과 후에도 하는 운동은?
훌라후프를 매일 해.
☺ 고된 ⇨ 러프

3265 거닐다	3266 으르렁거리다	3267 강탈하다

① ② ③ ④ ⑤	① ② ③ ④ ⑤	① ② ③ ④ ⑤

3268 강도	3269 건장한	3270 굴리다

① ② ③ ④ ⑤	① ② ③ ④ ⑤	① ② ③ ④ ⑤

3271 가공적인 이야기	3272 지붕	3273 썩음

① ② ③ ④ ⑤	① ② ③ ④ ⑤	① ② ③ ④ ⑤

3274 교대하다	3275 부패한	3276 고된

① ② ③ ④ ⑤	① ② ③ ④ ⑤	① ② ③ ④ ⑤

3265	roam [roum]	① ② ③ ④		거닐다, 방랑하다	① ② ③ ④
3266	roar [rɔ:r]	① ② ③ ④		으르렁거리다, 고함치다	① ② ③ ④
3267	rob [rab]	① ② ③ ④		빼앗다, 강탈하다	① ② ③ ④
3268	robbery [rábəri]	① ② ③ ④		강도(짓), 약탈	① ② ③ ④
3269	robust [róubʌst]	① ② ③ ④		건장한, 튼튼한	① ② ③ ④
3270	roll [roul]	① ② ③ ④		구르다, 말다, 굴리다, 두루마리, 명부	① ② ③ ④
3271	romance [roumǽns]	① ② ③ ④		가공적인 이야기, 로맨스	① ② ③ ④
3272	roof [ru:f,ruf]	① ② ③ ④		지붕	① ② ③ ④
3273	rot [rɑt/rɔt]	① ② ③ ④		썩음, 부패	① ② ③ ④
3274	rotate [róuteit]	① ② ③ ④		돌(리)다, 회전하다, 교대하다	① ② ③ ④
3275	rotten [rátn]	① ② ③ ④		썩은, 부패한	① ② ③ ④
3276	rough [rʌf]	① ② ③ ④		거친, 가공되지 않은, 고된, 대강의	① ② ③ ④

✓ STEP 1

3277 ① ② ③

도로주행 연습할 때 강사가 옆에서 하는 일은?
루트를 파악하는 거야.
☺ 도로 ⇨ 루-트

3278 ① ② ③

판에 박힌 일을 싫어한 시절은?
루터 킹 목사가 **틴에이**였던 시절이야.
☺ 판에 박힌 일 ⇨ 루-티인

3279 ① ② ③

왕이 마셨던 **왕의** 차는?
로열젤리 차!
☺ 왕의 ⇨ 로열

3280 ① ② ③

야구선수가 매일 **닦는** 것은?
글러브야!
☺ 닦다 ⇨ 러브

3281 ① ② ③

교양 없는 사람이 한 짓은?
누드(nude)화에 낙서를 했어.
☺ 교양 없는 ⇨ 루-드

3282 ① ② ③

파멸 당한 프랑스왕은 누구야?
루이는 혁명으로 파멸 당했어.
☺ 파멸 ⇨ 루-인

3283 ① ② ③

사장이 **경영하는** 회사는?
란제리 회사!
☺ 경영하다 ⇨ 런

3284 ① ② ③

시골에서 빨래할 때 직접 만들어 쓴 것은?
비누를 직접 만들어 썼어.
☺ 시골 ⇨ 루어럴

3285 ① ② ③

몹시 바쁜 시간대에 사람들이 몰리는 것을 뭐라 해?
러쉬 아워! (rush hour)
☺ 몹시 바쁨 ⇨ 러쉬

3286 ① ② ③

그릇에 **녹이 슬면** 어떻게 해?
플라스틱으로 바꾸면 돼.
☺ 녹슬다 ⇨ 러스트

3287 ① ② ③

소박한 수저는 어떤 수저예요?
플라스틱 수저야.
☺ 소박한 ⇨ 러스틱

3288 ① ② ③

와삭거리는 소리에 무엇을 놓쳤어?
놀라 술잔을 놓쳤어.
☺ 와삭거리다 ⇨ 러셀

3277 도로	3278 판에 박힌 일	3279 왕의
① ② ③ ④ ⑤	① ② ③ ④ ⑤	① ② ③ ④ ⑤
3280 닦다	3281 교양 없는	3282 파멸
① ② ③ ④ ⑤	① ② ③ ④ ⑤	① ② ③ ④ ⑤
3283 경영하다	3284 시골	3285 몹시 바쁨
① ② ③ ④ ⑤	① ② ③ ④ ⑤	① ② ③ ④ ⑤
3286 녹슬다	3287 소박한	3288 와삭거리다
① ② ③ ④ ⑤	① ② ③ ④ ⑤	① ② ③ ④ ⑤

		①	②			①	②
3277	**route** [ru:t,raut]	③	④		도로, 길	③	④
3278	**routine** [ru:tín]	① ③	② ④		판에 박힌 일, 기계적인 순서, 통로	① ③	② ④
3279	**royal** [rɔ́iəl]	① ③	② ④		왕의, 당당한, 멋진	① ③	② ④
3280	**rub** [rʌb]	① ③	② ④		문지르다, 닦다, 비비다	① ③	② ④
3281	**rude** [ru:d]	① ③	② ④		무례한, 교양 없는, 거친	① ③	② ④
3282	**ruin** [rú:in]	① ③	② ④		망치다, 파멸, 폐허, 파괴하다	① ③	② ④
3283	**run** [rʌn]	① ③	② ④		계속 공연되다, 경영하다	① ③	② ④
3284	**rural** [rú(:)rəl]	① ③	② ④		시골의, 농업의	① ③	② ④
3285	**rush** [rʌʃ]	① ③	② ④		쇄도, 몹시 바쁨, 돌진하다	① ③	② ④
3286	**rust** [rʌst]	① ③	② ④		녹(슬다), 녹슮	① ③	② ④
3287	**rustic** [rʌ́stik]	① ③	② ④		시골의, 소박한, 조야한	① ③	② ④
3288	**rustle** [rʌ́s-əl]	① ③	② ④		와삭거리다	① ③	② ④

✓ STEP 1

3289 ① ② ③

개미에게 어떤 **무자비한** 행동을 했어?
빗자**루**로 **쓸어** 버렸어.

☺ 무자비한 ⇨ 루-쓸리스

3290 ① ② ③

종교적인 숙제가 뭐야?
에세이를 크리스마스 때 다운로드
받아야 해.
☺ 종교적인 ⇨ 세이크리드

3291 ① ② ③

제물로 새를 바친 이유는?
새가 **크니 화**가 **있어** 제물로 바쳤어.

☺ 제물 ⇨ 새크러파이스

3292 ① ② ③

새는 잘 **보호**하고 있니?
새가 **이쁜**지라 잘 **가둬**놓고 있어.
☺ 보호 ⇨ 세이프가-드

3293 ① ② ③

현명한 그분을 왜 밖에 세워 두었어?
들어오라고 해도 밖에 **서 계셨어.**
☺ 현명한 ⇨ 서게이셔스

3294 ① ② ③

성인의 집은 자기 집이야?
전세인 듯해.
☺ 성인 ⇨ 세인트

3295 ① ② ③

봉급을 받고 일하는 사람은?
샐러리맨!
☺ 봉급 ⇨ 샐러리

3296 ① ② ③

연어를 맛있게 먹는 방법은?
삶은 상태로 먹어.
☺ 연어 ⇨ 새먼

3297 ① ② ③

왜 **짠** 맛만 나?
설탕을 **티**끌만큼 넣어서 그래.
☺ 짠 ⇨ 소-올티

3298 ① ② ③

인사시킬까?
그래, **서루들**(서로들) 인사해.
☺ 인사하다 ⇨ 설루-트

3299 ① ② ③

119가 할머니를 **구조**한 이유는?
할머니가 칼에 **살 베이셔**서 다쳤거든.
☺ 구조 ⇨ 샐베이션

3300 ① ② ③

이 **견본**은 뭐야?
샘플로 준 화장품이야.
☺ 견본 ⇨ 샘펄

3289 무자비한	3290 종교적인	3291 제물

① ② ③ ④ ⑤　　① ② ③ ④ ⑤　　① ② ③ ④ ⑤

3292 보호	3293 현명한	3294 성인

① ② ③ ④ ⑤　　① ② ③ ④ ⑤　　① ② ③ ④ ⑤

3295 봉급	3296 연어	3297 짠

① ② ③ ④ ⑤　　① ② ③ ④ ⑤　　① ② ③ ④ ⑤

3298 인사하다	3299 구조	3300 견본

① ② ③ ④ ⑤　　① ② ③ ④ ⑤　　① ② ③ ④ ⑤

		①	②			①	②
3289	ruthless [rú:θlis]	③	④		잔인한, 무자비한	③	④
3290	sacred [séikrid]	①	②		신성한, 종교적인	①	②
		③	④			③	④
3291	sacrifice [sǽkrəfáis]	①	②		희생, 제물, 희생시키다	①	②
		③	④			③	④
3292	safeguard [séifgɑ̀:rd]	①	②		보호, 호위	①	②
		③	④			③	④
3293	sagacious [səgéiʃəs]	①	②		현명한, 기민한	①	②
		③	④			③	④
3294	saint [seint]	①	②		성인, 덕이 높은 사람	①	②
		③	④			③	④
3295	salary [sǽləri]	①	②		봉급, 급료	①	②
		③	④			③	④
3296	salmon [sǽmən]	①	②		연어	①	②
		③	④			③	④
3297	salty [sɔ́:lti]	①	②		짠, 소금기 있는	①	②
		③	④			③	④
3298	salute [səlú:t]	①	②		인사하다, 경례하다	①	②
		③	④			③	④
3299	salvation [sælvéiʃən]	①	②		구조, 구제	①	②
		③	④			③	④
3300	sample [sǽmp-əl]	①	②		견본, 본보기	①	②
		③	④			③	④

✓ STEP 1

3301 ① ② ③

예수님이 탄생하신 **거룩한 장소**에
가보니 어때?
그 분이 탄생하신 곳은 **추워**서 살이
에리었어.
☺ 거룩한 장소 ⇨ 생-츄에리

3302 ① ② ③

건전한 정치가들은 누구를 위해야 돼?
세인(世人)을 위해야 돼.
☺ 건전한 ⇨ 세인

3303 ① ② ③

위생상 내 신체가 어때?
니가 **새니**? **털이** 이렇게 많게.
☺ 위생상 ⇨ 새니터리

3304 ① ② ③

기차역 **위생**을 위해서 어떻게 했어?
물이 **새는 스테이션**(station)을 닦았어.
☺ 위생 ⇨ 새너테이션

3305 ① ② ③

위성은 어떻게 하늘에 떠 있지?
새털처럼 **라이트**(light)하게 떠 있어.
☺ 위성 ⇨ 새털라이트

3306 ① ② ③

왜 친구가 **빈정거림**을 받아?
새 타이어를 너무 비싸게 팔았기
때문이야.
☺ 빈정거림 ⇨ 새타이어

3307 ① ② ③

어떻게 스파이를 **만족시켰어**?
새 티를 줘서 **스파이**를 만족시켰어.
☺ 만족시키다 ⇨ 새티스파이

3308 ① ② ③

토성의 무늬는 어때?
세련됐어.
☺ 토성 ⇨ 새턴

3309 ① ② ③

잔인하게 밟고 있는 게 뭐야?
새로 만든 **비지**야.
☺ 잔인한 ⇨ 새비쥐

3310 ① ② ③

국고로 **모으는** 것을 뭐라고 해?
세입(稅入)이라고 해.
☺ 모으다 ⇨ 세이브

3311 ① ② ③

네가 **맛본** 음식들은 몇 개야?
궁금하면 **세어 봐.**
☺ 맛보다 ⇨ 세이벌

3312 ① ② ③

벌집을 **톱**으로 잘랐더니 벌이 어떻게 했어?
벌이 나를 **쏘았어.**
☺ 톱 ⇨ 소-

3301	거룩한 장소
3302	건전한
3303	위생상
3304	위생
3305	위성
3306	빈정거림
3307	만족시키다
3308	토성
3309	잔인한
3310	모으다
3311	맛보다
3312	톱

		①	②			①	②
3301	**sanctuary** [sǽŋktʃuèri]	③	④		거룩한 장소	③	④
3302	**sane** [sein]	①	②		제정신의, 건전한	①	②
		③	④			③	④
3303	**sanitary** [sǽnitəri]	①	②		위생상의, 위생적인	①	②
		③	④			③	④
3304	**sanitation** [sænətéiʃ-ən]	①	②		위생, 위생 시설	①	②
		③	④			③	④
3305	**satellite** [sǽtəláit]	①	②		(인공) 위성, 위성의	①	②
		③	④			③	④
3306	**satire** [sǽtaiər]	①	②		풍자, 빈정거림	①	②
		③	④			③	④
3307	**satisfy** [sǽtisfai]	①	②		만족시키다, 납득시키다	①	②
		③	④			③	④
3308	**Saturn** [sǽtə:rn]	①	②		토성, 농업의 신	①	②
		③	④			③	④
3309	**savage** [sǽvidʒ]	①	②		야만의, 미개한, 잔인한, 잔인하게 다루다	①	②
		③	④			③	④
3310	**save** [seiv]	①	②		구하다, 아끼다, 모으다, 덜다	①	②
		③	④			③	④
3311	**savor** [séivər]	①	②		맛, 풍미, 특성, 기미, 맛보다	①	②
		③	④			③	④
3312	**saw** [sɔ:]	①	②		톱, 톱으로 자르다,	①	②
		③	④			③	④

✓ STEP 1

3313 ① ② ③

자신의 경험을 자유롭게 **표현하는**
글은?
에세이!(essay)
☺ 표현하다 ⇨ 세이

3314 ① ② ③

마음의 **규모**가 큰사람을 어떤
사람이라고 해?
스케일이 큰 사람!
☺ 규모 ⇨ 스케일

3315 ① ② ③

그 작은 물체는 **자세히 조사했지?**
스캔해서 컴퓨터로 확대해놨어.
☺ 자세히 조사하다 ⇨ 스캔

3316 ① ② ③

스캐너가 **부족한** 점이 뭐지?
스캔장치가 낡은 **티**가 날정도야.
☺ 부족한 ⇨ 스캔티

3317 ① ② ③

상처가 어떻게 생겼어?
살이 슥 **까**였어.
☺ 상처 ⇨ 스칼-

3318 ① ② ③

생산이 **드문** 다이아몬드를 어떻게
구했어?
광산에서 스윽 캐었어.
☺ 드문 ⇨ 스케어스

3319 ① ② ③

쑥이 **부족한** 이유는?
쑥 **케어** 먹으려 해도 **씨티**(city)엔
생산량이 적어서.
☺ 부족 ⇨ 스케어시티

3320 ① ② ③

언제 **겁나니?**
무덤을 슥 **캐어** 이장 할 때야.
☺ 겁나다 ⇨ 스케얼

3321 ① ② ③

흙을 잘 **뿌리는** 방법은?
흙덩이를 슥 **깨트려** 뿌리면 돼.
☺ 뿌리다 ⇨ 스캐털

3322 ① ② ③

극본 작가에게 감독이 물은 게 뭐야?
시나리오 다 썼는지 물었어.
☺ 극본 ⇨ 시네-어리오우

3323 ① ② ③

무릎 꿇은 저 **무대 장면** 어디서 봤어?
영화 이별 **씬**에서 봤어.
☺ 무대장면 ⇨ 시-인

3324 ① ② ③

치마 날리는 저 **풍경** 어디서 봤지?
시너리란 영화에서 봤어.
☺ 풍경 ⇨ 시-너리

3313 표현하다	3314 규모	3315 자세히 조사하다
① ② ③ ④ ⑤	① ② ③ ④ ⑤	① ② ③ ④ ⑤

3316 부족한	3317 상처	3318 드문
① ② ③ ④ ⑤	① ② ③ ④ ⑤	① ② ③ ④ ⑤

3319 부족	3320 겁나다	3321 뿌리다
① ② ③ ④ ⑤	① ② ③ ④ ⑤	① ② ③ ④ ⑤

3322 극본	3323 무대장면	3324 풍경
① ② ③ ④ ⑤	① ② ③ ④ ⑤	① ② ③ ④ ⑤

3313	say [sei]	① ② ③ ④		말하다, 표현하다, 전하다	① ② ③ ④
3314	scale [skeil]	① ② ③ ④		눈금, 규모, 음계	① ② ③ ④
3315	scan [skæn]	① ② ③ ④		자세히 조사하다	① ② ③ ④
3316	scanty [skǽnti]	① ② ③ ④		부족한, 불충분한	① ② ③ ④
3317	scar [skɑ:r]	① ② ③ ④		상처, 자국	① ② ③ ④
3318	scarce [skέərs]	① ② ③ ④		부족한, 드문	① ② ③ ④
3319	scarcity [skέə:rsəti]	① ② ③ ④		부족, 결핍	① ② ③ ④
3320	scare [skεər]	① ② ③ ④		위협하다, 겁나다, 공포	① ② ③ ④
3321	scatter [skǽtər]	① ② ③ ④		뿌리다, 흩어지다	① ② ③ ④
3322	scenario [sinέ-əriòu]	① ② ③ ④		극본, 시나리오	① ② ③ ④
3323	scene [si:n]	① ② ③ ④		무대장면, 광경, 경치, 현장	① ② ③ ④
3324	scenery [sí:nəri]	① ② ③ ④		무대장면, 풍경	① ② ③ ④

✓ STEP 1

3325 ① ② ③

방귀 **냄새**가 어디로 간 거야?
냄새가 밖으로 **샌** 듯 해.
☺ 냄새 ⇨ 센트

3326 ① ② ③

주말 **계획**은?
스키임(ski 타는 거임)
☺ 계획 ⇨ 스키-임

3327 ① ② ③

요리 **학자**가 뭐하고 있지?
식칼로 요리하면서 연구 하고 있어.
☺ 학자 ⇨ 스칼럴

3328 ① ② ③

수업이 있는 곳은?
스쿨! (school)
☺ 수업 ⇨ 스쿠-올

3329 ① ② ③

숙제는 어떻게 해요?
스쿨(school)에서
워크북(workbook)으로 해.
☺ 숙제 ⇨ 스쿨워-크

3330 ① ② ③

엄마가 **잔소리하시는** 이유는?
시원한 **콜드주스**를 다 마셔버려서.
☺ 잔소리하다 ⇨ 스코울드

3331 ① ② ③

국은 무엇으로 **푸니**?
수저와 국자로 **프면** 돼.
☺ 푸다 ⇨ 스쿠-프

3332 ① ② ③

길이의 **한계**가 없는 것은?
이 **스카프**(scarf) 길이야! 완전 길어!
☺ 한계 ⇨ 스코웁

3333 ① ② ③

우리 팀 **득점**이 몇 점이야?
스코어가 20점이야.
☺ 득점 ⇨ 스코얼

3334 ① ② ③

친구를 **경멸**하는 태도는?
슉 꼬면서 말하는 거야.
☺ 경멸 ⇨ 스코-온

3335 ① ② ③

서로 **얻으려고 다투는** 것은?
달걀 스크램블.
☺ 얻으려고 다투다 ⇨ 스크램벌

3336 ① ② ③

지우개로 **문지르며** 지우는 것은?
도화지에 스크래치한 입을 지우고
있어.
☺ 문지르다 ⇨ 스크레이프

3325 냄새	3326 계획	3327 학자
① ② ③ ④ ⑤	① ② ③ ④ ⑤	① ② ③ ④ ⑤

3328 수업	3329 숙제	3330 잔소리하다
① ② ③ ④ ⑤	① ② ③ ④ ⑤	① ② ③ ④ ⑤

3331 푸다	3332 한계	3333 득점
① ② ③ ④ ⑤	① ② ③ ④ ⑤	① ② ③ ④ ⑤

3334 경멸	3335 얻으려고 다투다	3336 문지르다
① ② ③ ④ ⑤	① ② ③ ④ ⑤	① ② ③ ④ ⑤

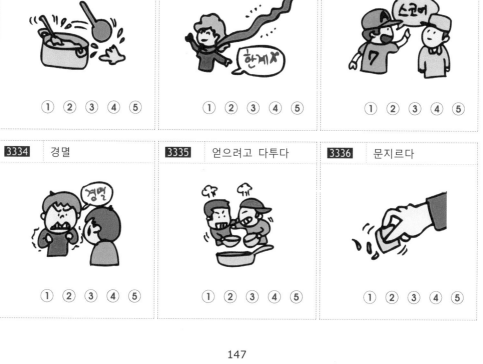

		①	②			①	②
3325	**scent** [sent]	③	④		냄새, 향기, 냄새 맡다	③	④
3326	**scheme** [ski:m]	①	②		계획, 안, 음모, 모의	①	②
		③	④			③	④
3327	**scholar** [skɑ́lə:r]	①	②		학자, 학식 있는 사람, 장학생	①	②
		③	④			③	④
3328	**school** [sku:l]	①	②		학교, 수업, 학파	①	②
		③	④			③	④
3329	**schoolwork** [skulwə̀:rk]	①	②		학업, 숙제	①	②
		③	④			③	④
3330	**scold** [skould]	①	②		꾸짖다, 잔소리하다	①	②
		③	④			③	④
3331	**scoop** [sku:p]	①	②		퍼내다, 푸다, 국자	①	②
		③	④			③	④
3332	**scope** [skoup]	①	②		범위, 한계, 여유	①	②
		③	④			③	④
3333	**score** [skɔ:r]	①	②		득점, 이유	①	②
		③	④			③	④
3334	**scorn** [skɔ:rn]	①	②		경멸, 냉소, 경멸하다, 거절하다	①	②
		③	④			③	④
3335	**scramble** [skrǽmb-əl]	①	②		기어오르다, 얻으려고 다투다, 긁어모으다	①	②
		③	④			③	④
3336	**scrape** [skreip]	①	②		문지르다, 면도하다, 긁어모으다	①	②
		③	④			③	④

✓ STEP 1

3337 ① ② ③

차에 **긁힌 자국**을 만든 게 누구야?
내가 실수로 **스크래치** 만들었어.
☺ 긁다 ⇨ 스크래취

3338 ① ② ③

여주인공이 비명을 **외치는** 영화는?
'**스크림**'이야.
☺ 외치다 ⇨ 스크리-임

3339 ① ② ③

나사를 조이는 사람은 누구지?
스크루지 영감이야.
☺ 나사 ⇨ 스크루-

3340 ① ② ③

낙서를 해서 어떤 벌을 받았지?
몸을 **수그리는** 벌을 받았어.
☺ 낙서 ⇨ 스크리벌

3341 ① ② ③

각본이 영어로 뭐지?
스크립트!(script)
☺ 각본 ⇨ 스크립트

3342 ① ② ③

창문을 **문질러 닦는** 소리에 아빠가
뭐라고 하셨지?
시끄러버!
☺ 문질러 닦다 ⇨ 스크럽

3343 ① ② ③

탈세로 **면밀한 조사**를 받은
스크루지는 어디?
스크루지 영감 **틀니**하러 갔어.
☺ 면밀한 조사 ⇨ 스크루-터니

3344 ① ② ③

조각품은 어떻게 완성돼?
예술가의 손에 **슥 걸쳐** 완성돼.
☺ 조각품 ⇨ 스컬-철

3345 ① ② ③

해저 탐사 중에 나온 게 뭐야?
시(sea)에서 **베드**(bed)가 나왔어.
☺ 해저 ⇨ 씨-베드

3346 ① ② ③

주머니 입구를 **봉하는** 방법은?
실로 꿰매서 봉하면 돼.
☺ 봉하다 ⇨ 씨-일

3347 ① ② ③

찾고 있는 서류에는 뭐가 있지?
리**서치**(research) 결과가 적혀있어.
☺ 찾다 ⇨ 설-취

3348 ① ② ③

주부가 **조미료**를 주자 스님이 하는
말은?
이게 **시주닝?** (시주야?)
☺ 조미료 ⇨ 시-저닝

149

3337 긁다	3338 외치다	3339 나사
① ② ③ ④ ⑤	① ② ③ ④ ⑤	① ② ③ ④ ⑤

3340 낙서	3341 각본	3342 문질러 닦다
① ② ③ ④ ⑤	① ② ③ ④ ⑤	① ② ③ ④ ⑤

3343 면밀한 조사	3344 조각품	3345 해저
① ② ③ ④ ⑤	① ② ③ ④ ⑤	① ② ③ ④ ⑤

3346 봉하다	3347 찾다	3348 조미료
① ② ③ ④ ⑤	① ② ③ ④ ⑤	① ② ③ ④ ⑤

3337	**scratch** [skrætʃ]	① ② ③ ④		긁다, 할퀴다, 찰과상, 긁힌 자국	① ② ③ ④
3338	**scream** [skri:m]	① ② ③ ④		외치다, 절규하다	① ② ③ ④
3339	**screw** [skru:]	① ② ③ ④		나사, 스크루	① ② ③ ④
3340	**scribble** [skríb-əl]	① ② ③ ④		휘갈겨 쓰다, 낙서(하다)	① ② ③ ④
3341	**script** [skript]	① ② ③ ④		손으로 쓴글, 원본, 각본	① ② ③ ④
3342	**scrub** [skrʌb]	① ② ③ ④		문질러 닦다, 없애다, 깨끗이 하다	① ② ③ ④
3343	**scrutiny** [skrú:təni]	① ② ③ ④		면밀한 조사, 음미	① ② ③ ④
3344	**sculpture** [skʌ́lptʃər]	① ② ③ ④		조각, 조각품, 조각하다	① ② ③ ④
3345	**seabed** [sí:bèd]	① ② ③ ④		해저	① ② ③ ④
3346	**seal** [si:l]	① ② ③ ④		밀폐시키다, 봉하다	① ② ③ ④
3347	**search** [sə:rtʃ]	① ② ③ ④		찾다, 살피다	① ② ③ ④
3348	**seasoning** [sí:z-əniŋ]	① ② ③ ④		조미(료)	① ② ③ ④

✓ STEP 1

3349 ① ② ③

아기를 안전하게 **자리**에 앉히려면?
시트(seat)벨트를 매주면 돼.

☺ 자리 ⇨ 시-트

3350 ① ② ③

아이들 둘을 **격리시킨** 이유는?
시끄러워도 참았지만 너무 심해서.

☺ 격리시키다 ⇨ 시클루-드

3351 ① ② ③

비서가 사온 귤에서 무엇이 붙어
있었어?
새 **귤에 털이** 붙어있었어.

☺ 비서 ⇨ 세크러테리

3352 ① ② ③

자기 **종파**가 아니라는 이유로 어떻게
했지?
생트집을 잡았어!

☺ 종파 ⇨ 섹트

3353 ① ② ③

내 **구역**은 어디지?
이 **섹션**이야!

☺ 구역 ⇨ 섹션

3354 ① ② ③

세속의 삶을 떠난 이유는?
색에 끌려 다니는 게 싫었어.

☺ 세속의 ⇨ 세큘럴

3355 ① ② ③

매니큐어를 보관하는 **안전한** 방법은?
장식장에 매니큐어를 넣고 잠그면 돼.
☺ 안전한 ⇨ 시큐얼

3356 ① ② ③

밭에 **씨 뿌리는** 방법은 뭐지?
오래된 **씨도** 모아서 뿌려!

☺ 씨 뿌리다 ⇨ 시-드

3357 ① ② ③

안경을 찾으려고 **시도**할 때는 어떻게 하지?
눈을 **씻고** 찾아야 해.

☺ ~하려고 시도하다 ⇨ 시-크

3358 ① ② ③

물이 얼마동안 **스며 나왔지?**
수도꼭지에서 **십분** 동안 스며 나왔어!

☺ 스며나오다 ⇨ 시-프

3359 ① ② ③

이 **단편소설**의 책 표지를 어떻게
해요?
색을 뭔가 틀리게 해봐.

☺ 단편 ⇨ 세그먼트

3360 ① ② ③

개들을 어떻게 **격리하지?**
싸그리 게이트(gate) 안으로 넣어.

☺ 격리하다 ⇨ 세그리게이트

3349 자리	3350 격리시키다	3351 비서

① ② ③ ④ ⑤　　① ② ③ ④ ⑤　　① ② ③ ④ ⑤

3352 종파	3353 구역	3354 세속의

① ② ③ ④ ⑤　　① ② ③ ④ ⑤　　① ② ③ ④ ⑤

3355 안전한	3356 씨 뿌리다	3357 ~하려고 시도하다

① ② ③ ④ ⑤　　① ② ③ ④ ⑤　　① ② ③ ④ ⑤

3358 스며나오다	3359 단편	3360 격리하다

① ② ③ ④ ⑤　　① ② ③ ④ ⑤　　① ② ③ ④ ⑤

3349	seat [si:t]	①	②		앉히다, 자리	①	②
		③	④			③	④
3350	seclude [siklú:d]	①	②		분리하다, 격리시키다	①	②
		③	④			③	④
3351	secretary [sékrətèri]	①	②		비서, 사무관	①	②
		③	④			③	④
3352	sect [sekt]	①	②		종파, 분파	①	②
		③	④			③	④
3353	section [sékʃ-ən]	①	②		절단, 구분, 구역	①	②
		③	④			③	④
3354	secular [sékjələ:r]	①	②		현세의, 세속의	①	②
		③	④			③	④
3355	secure [sikjúə:r]	①	②		안전한, 안정된, 확실한	①	②
		③	④			③	④
3356	seed [si:d]	①	②		씨 뿌리다	①	②
		③	④			③	④
3357	seek [si:k]	①	②		~하려고 시도하다	①	②
		③	④			③	④
3358	seep [si:p]	①	②		스며나오다	①	②
		③	④			③	④
3359	segment [ségmənt]	①	②		단편, 조각	①	②
		③	④			③	④
3360	segregate [ségrigèit]	①	②		분리(격리)하다, 차별대우(하다)	①	②
		③	④			③	④

154

✓ STEP 1

3361 ① ② ③

분리 된 나라를 통일시키려면?
싸그리 **개선**해야 한다.
☺ 분리 ⇨ 세그리게이션

3362 ① ② ③

도둑이 **잡아채**간 것은?
시주로 받은 음식!
☺ 잡아채다 ⇨ 시-즈

3363 ① ② ③

색상까지 일일이 **선택하는** 이유는?
실내도 멋지게 장식하려고.
☺ 선택하다 ⇨ 실렉트

3364 ① ② ③

자기중심적인 사람이 싫어하는 것은?
셀프이삿짐 **센터**도 싫어해.

☺ 자기중심적인 ⇨ 셀프센터-드

3365 ① ② ③

이기적인 사람이 다 가져간 것은?
셀 수 없이 많은 피시(fish)야.

☺ 이기적인 ⇨ 셀피쉬

3366 ① ② ③

자기보다 더 좋은 **반도체**를 쓰는
친구에게?
샘이 나서 큰 화덕 터에 친구 걸
던져버렸어.
☺ 반도체 ⇨ 세미컨덕털

3367 ① ② ③

연상의 그 여자는 나이가 몇이야?
쉰이여!
☺ 연상의 ⇨ 시-니얼

3368 ① ② ③

그 노래는 팬의 **마음**을 어느 정도로
흔들었어?
센세이션을 일으킬 정도였어.
☺ 마음 ⇨ 센세이션

3369 ① ② ③

그녀의 패션은 얼마나 **선풍적인**
인기였니?
센세이션을 일으킬 정도였어.
☺ 선풍적인 ⇨ 센세이셔널

3370 ① ② ③

그림은 색에 관한 **감각**이 있어야 해
넌 그런 **센스** 있니?
☺ 감각 ⇨ 센스

3371 ① ② ③

어떻게 **현명하게** 그랬어?
도둑방지 **센서**로 집이 털리는 불행을 막았어!
☺ 현명한 ⇨ 센서벌

3372 ① ② ③

사람이 가까이 가면 **민감하게** 켜지는 TV는?
자동센서가 달린 **TV**.
☺ 민감한 ⇨ 센서티브

3361 분리	3362 잡아채다	3363 선택하다

① ② ③ ④ ⑤	① ② ③ ④ ⑤	① ② ③ ④ ⑤

3364 자기중심적인	3365 이기적인	3366 반도체

① ② ③ ④ ⑤	① ② ③ ④ ⑤	① ② ③ ④ ⑤

3367 연상의	3368 마음	3369 선풍적인

① ② ③ ④ ⑤	① ② ③ ④ ⑤	① ② ③ ④ ⑤

3370 감각	3371 현명한	3372 민감한

① ② ③ ④ ⑤	① ② ③ ④ ⑤	① ② ③ ④ ⑤

3361	segregation [sègrigéiʃ-ən]	① ② ③ ④		분리, 격리	① ② ③ ④
3362	seize [siːz]	① ② ③ ④		잡아채다, 장악하다, 압수하다	① ② ③ ④
3363	select [silékt]	① ② ③ ④		골라 뽑다, 선택하다, 정선된	① ② ③ ④
3364	self-centered [sélfséntərd]	① ② ③ ④		자기중심적인	① ② ③ ④
3365	selfish [sélfiʃ]	① ② ③ ④		이기적인, 이기주의의	① ② ③ ④
3366	semiconductor [sèmikəndʌ́ktər]	① ② ③ ④		반도체(를 이용한 장치)	① ② ③ ④
3367	senior [síːniər]	① ② ③ ④		연상의, 선임의	① ② ③ ④
3368	sensation [senséiʃən]	① ② ③ ④		감각, 마음, 대사건	① ② ③ ④
3369	sensational [senséiʃənəl]	① ② ③ ④		선풍적인, 감각의, 지각의	① ② ③ ④
3370	sense [sens]	① ② ③ ④		감각, 느낌, 분별력	① ② ③ ④
3371	sensible [sénsəbl]	① ② ③ ④		현명한, 분별 있는	① ② ③ ④
3372	sensitive [sénsətiv]	① ② ③ ④		민감한, 감수성이 풍부한	① ② ③ ④

✓ STEP 1

3373 ① ② ③

육체적인 씨름경기에서 필요한 것은?
씨름기술에 대한 **센스**여.

☺ 육체의 ⇨ 센슈얼

3374 ① ② ③

판결을 내릴 때 판사의 목소리는?
쎈(강한) **톤**의 목소리였어.

☺ 판결 ⇨ 센턴스

3375 ① ② ③

왜 미용실에서 **감정** 상했어?
1센치메타만 자르라고 했는데 많이
잘라버려서.

☺ 감정 ⇨ 센티먼트

3376 ① ② ③

콩과 밥을 **분리**하고 나서?
금세 **퍼레잇**!

☺ 분리하다 ⇨ 세퍼레이트

3377 ① ② ③

왜 **무덤**을 옮기지?
이 자리에 건물을 새로 지어 **팔 거야**!

☺ 무덤 ⇨ 세펄컬

3378 ① ② ③

식당에서 **순서**를 기다리는 이유는?
식권을 쓰기 위해서야.

☺ 순서 ⇨ 시-퀀스

3379 ① ② ③

그 호수는 **평온**했지만 날씨는?
시린 날씨였어.

☺ 평온한 ⇨ 시리-인

3380 ① ② ③

33775
33776
33777
⋮

일련번호대로 정리해야 하는 것은?
책 **시리즈**!

☺ 일련, 연속 ⇨ 시어리즈

3381 ① ② ③

교장선생님 **설교**는 언제 해?
단상에 서면 바로 하셔.

☺ 설교 ⇨ 서-먼

3382 ① ② ③

그 배구선수가 팀원들을 **충족시킨**
이유는?
서브를 잘 넣었기 때문이야.

☺ 충족시키다 ⇨ 서-브

3383 ① ② ③

식당에서 **음식 시중** 알바를 뭐라고
해?
서빙 알바!

☺ 음식 시중 ⇨ 서-빙

3384 ① ② ③

개회 중에 자기 멋대로 하니?
파워가 세션(세어서) 그래.

☺ 개회 중 ⇨ 세션

158

3373 육체의	3374 판결	3375 감정
① ② ③ ④ ⑤	① ② ③ ④ ⑤	① ② ③ ④ ⑤

3376 분리하다	3377 무덤	3378 순서
① ② ③ ④ ⑤	① ② ③ ④ ⑤	① ② ③ ④ ⑤

3379 평온한	3380 일련, 연속	3381 설교
① ② ③ ④ ⑤	① ② ③ ④ ⑤	① ② ③ ④ ⑤

3382 충족시키다	3383 음식 시중	3384 개회 중
① ② ③ ④ ⑤	① ② ③ ④ ⑤	① ② ③ ④ ⑤

3373	sensual [sénʃuəl]	① ② ③ ④		육체의, 관능적인	① ② ③ ④
3374	sentence [séntəns]	① ② ③ ④		문장, 판결, 판정	① ② ③ ④
3375	sentiment [séntimənt]	① ② ③ ④		감정, 감상, 소감	① ② ③ ④
3376	separate [sépəreit]	① ② ③ ④		분리하다, 식별하다, 분리한, 별개의	① ② ③ ④
3377	sepulcher [sépəlkər]	① ② ③ ④		묘, 무덤	① ② ③ ④
3378	sequence [síːkwəns]	① ② ③ ④		연속, 순서, 결과, 맥락	① ② ③ ④
3379	serene [siríːn]	① ② ③ ④		평온한, 고요한	① ② ③ ④
3380	series [síəriːz]	① ② ③ ④	3375 3376 3377 ⋮	일련, 시리즈, 총서	① ② ③ ④
3381	sermon [sə́rmən]	① ② ③ ④		설교 잔소리	① ② ③ ④
3382	serve [səːrv]	① ② ③ ④		시중들다, 섬기다 공급하다, 충족시키다	① ② ③ ④
3383	serving [sə́ːrviŋ]	① ② ③ ④		음식을 차림, 음식 시중	① ② ③ ④
3384	session [séʃ-ən]	① ② ③ ④		개회 중, 회기	① ② ③ ④

✓ STEP 1

3385 ① ② ③

그가 **안정시킨** 것은 뭐지?
새로운 **틀**!

☺ 안정시키다 ⇨ 세틀

3386 ① ② ③

엄격한 규율을 지키라고 하니 그
사람은 뭐래?
괜히 왜 **시비여?** 라고 했어.

☺ 엄격한 ⇨ 시비어

3387 ① ② ③

찢어져서 **꿰맨** 점프는?
소가죽 점프!

☺ 꿰매다 ⇨ 소우

3388 ① ② ③

하수구도 검사하는 저 사람은 누구야?
우리 회사 **수위**지.

☺ 하수 ⇨ 수-이쥐

3389 ① ② ③

닳아 해진 지붕은 비가 오면 어떻게 돼?
새는 **비**를 막을 수 없어.

☺ 닳아 해진 ⇨ 쉐비

3390 ① ② ③

그늘에서 쓰는 선글라스는?
쉐이드 선글라스!

☺ 그늘 ⇨ 쉐이드

3391 ① ② ③

눈에 발라서 **그림자**를 만들어내는
것은?
아이 **쉐도우**!

☺ 그림자 ⇨ 쉐도우

3392 ① ② ③

흔들어서 만들어주는 밀크는?
밀크 **쉐이크**!

☺ 흔들다 ⇨ 쉐이크

3393 ① ② ③

얕은 바닷물에서 건진 쉘(조개껍질)로
뭐해?
쉘에 머쉬멜**로우**를 올려.

☺ 얕은 ⇨ 쉘로우

3394 ① ② ③

마술사가 보여준 마술은?
샤워하던 미녀를 갑자기 **먼** 곳으로
보냈어.

☺ 마술사 ⇨ 샤-먼

3395 ① ② ③

깃털이 없어서 **부끄러움**을 타는 새는?
저 **새임**(새야).

☺ 부끄러움 ⇨ 쉐임

3396 ① ② ③

뻔뻔스럽게 자기 차라고 했다고?
응, 내 차와 **세임**(same)한 **리스**차야.

☺ 뻔뻔스런 ⇨ 쉐임리스

3385 안정시키다	3386 엄격한	3387 꿰매다

① ② ③ ④ ⑤　　① ② ③ ④ ⑤　　① ② ③ ④ ⑤

3388 하수	3389 닳아 해진	3390 그늘

① ② ③ ④ ⑤　　① ② ③ ④ ⑤　　① ② ③ ④ ⑤

3391 그림자	3392 흔들다	3393 얇은

① ② ③ ④ ⑤　　① ② ③ ④ ⑤　　① ② ③ ④ ⑤

3394 마술사	3395 부끄러움	3396 뻔뻔스런

① ② ③ ④ ⑤　　① ② ③ ④ ⑤　　① ② ③ ④ ⑤

번호	단어	①	②	그림	뜻	①	②
3385	settle [sétl]	①	②		안정시키다, 진정되다, 해결되다, 정착하다	①	②
		③	④			③	④
3386	severe [sivíə:r]	①	②		엄격한, 지독한, 심각한	①	②
		③	④			③	④
3387	sew [sou]	①	②		꿰매다, 철하다	①	②
		③	④			③	④
3388	sewage [súːidʒ]	①	②		하수, 오물, 오수	①	②
		③	④			③	④
3389	shabby [ʃǽbi]	①	②		초라한, 닳아 해진, 비열한	①	②
		③	④			③	④
3390	shade [ʃeid]	①	②		그늘, 음영, 블라인드	①	②
		③	④			③	④
3391	shadow [ʃǽdou]	①	②		그림자, 투영, 어둠	①	②
		③	④			③	④
3392	shake [ʃeik]	①	②		흔들(리)다, 떨다, 떨림	①	②
		③	④			③	④
3393	shallow [ʃǽlou]	①	②		얕은, 천박한	①	②
		③	④			③	④
3394	shaman [ʃɑ́ːmən]	①	②		마술사, 무당	①	②
		③	④			③	④
3395	shame [ʃeim]	①	②		부끄러움, 불명예	①	②
		③	④			③	④
3396	shameless [ʃéimlis]	①	②		부끄러움을 모르는, 뻔뻔스런	①	②
		③	④			③	④

✓ STEP 1

3397 ① ② ③

밀크쉐이크 **모양**이 틀려?
밀크쉐이크가 프랑스에서 먹은 것과
달라요.
☺ 모양 ⇨ 쉐이프

3398 ① ② ③

돈을 **나누는** 방법은?
셰어서 나누면 돼!
☺ 나누다 ⇨ 쉐얼

3399 ① ② ③

날카로운 말투로 뭐래?
샤프를 빌려주기 싫다고 그랬어.
☺ 날카로운 ⇨ 샤-프

3400 ① ② ③

또렷하게 하는 글씨는?
샤픈(샤프는) 글씨가 또렷해.
☺ 또렷하게 하다 ⇨ 샤-펀

3401 ① ② ③

무엇으로 박을 **박살내지**?
쇠몽둥이로 **터트려** 박살내면 돼.
☺ 박살내다 ⇨ 쉐터-

3402 ① ② ③

면도할 때는?
애프터 **쉐이브** 로션을 발라.
☺ 면도 ⇨ 쉐이브

3403 ① ② ③

그 여자가 걸친 **숄**은 무슨 색깔이야?
그 **숄**은 빨간색이야.

☺ 숄 ⇨ 숄-

3404 ① ② ③

얼마나 눈물을 **흘렸지**?
비가 **새듯**이 흘렸어.

☺ 흘리다 ⇨ 쉐드

3405 ① ② ③

순수하게 일만하는 부인에게 남편이
뭐라고 위로했어?
쉬어가면서 하라고 했어.
☺ 순수한 ⇨ 쉬얼

3406 ① ② ③

조개는 바다 속에 얼마나 많아?
셸 수 없이 많아.
☺ 조개 ⇨ 쉘

3407 ① ② ③

세상을 **피해서** 온 이곳은 어디지?
내가 **쉴 터**야.
☺ 피하다 ⇨ 쉘털

3408 ① ② ③

양을 **지키는** 개는 뭐야?
세퍼드야.
☺ 지키다 ⇨ 쉐퍼드

3397	모양

① ② ③ ④ ⑤

3398	나누다

① ② ③ ④ ⑤

3399	날카로운

① ② ③ ④ ⑤

3400	또렷하게 하다

① ② ③ ④ ⑤

3401	박살내다

① ② ③ ④ ⑤

3402	면도

① ② ③ ④ ⑤

3403	숄

① ② ③ ④ ⑤

3404	흘리다

① ② ③ ④ ⑤

3405	순수한

① ② ③ ④ ⑤

3406	조개

① ② ③ ④ ⑤

3407	피하다

① ② ③ ④ ⑤

3408	지키다

① ② ③ ④ ⑤

No.	Word	①	②		Meaning	①	②
3397	**shape** [ʃeip]	①	②		모양, 형태, 형체를 이루다	①	②
		③	④			③	④
3398	**share** [ʃɛə:r]	①	②		공유하다, 나누다, 몫	①	②
		③	④			③	④
3399	**sharp** [ʃa:rp]	①	②		날카로운, 빈틈없는, 급격한, 명확한	①	②
		③	④			③	④
3400	**sharpen** [ʃá:rp-ən]	①	②		날카롭게 하다, 또렷하게 하다	①	②
		③	④			③	④
3401	**shatter** [ʃǽtə:r]	①	②		박살내다, 압도하다	①	②
		③	④			③	④
3402	**shave** [ʃeiv]	①	②		면도(하다), 깎다	①	②
		③	④			③	④
3403	**shawl** [ʃɔ:l]	①	②		숄(을 걸치다)	①	②
		③	④			③	④
3404	**shed** [ʃed]	①	②		뿌리다, 흘리다, 발산하다, 벗다	①	②
		③	④			③	④
3405	**sheer** [ʃiər]	①	②		순전한, 순수한	①	②
		③	④			③	④
3406	**shell** [ʃel]	①	②		껍질, 조개, 조가비, 폭탄	①	②
		③	④			③	④
3407	**shelter** [ʃéltər]	①	②		숨기다, 피하다, 피난처, 숙소	①	②
		③	④			③	④
3408	**shepherd** [ʃépə:rd]	①	②		양치는 사람, 지키다, 보살피다	①	②
		③	④			③	④

3408 *세퍼드(Shepherd dog): 1000여년 전 독일의 승려들이 도적을 막기 위해, 그 지역에 살고 있던 목양견과 늑대를 교배시켜 만든 견종

✓ STEP 1

3409 ① ② ③

방패를 보호하기 위해 어떻게 했어?
두꺼운 **실도** 둘둘 감았어.
☺ 방패 ⇨ 쉴-드

3410 ① ② ③

컴퓨터의 **이동키**는?
쉬프트키(key)야.
☺ 이동 ⇨ 쉬프트

3411 ① ② ③

벽에 걸어두니 **광채**가 나는 것은?
유명 스타의 **사인**.
☺ 광채 ⇨ 샤인

3412 ① ② ③

폭풍에 **난파**된 배는 어떤 배야?
쉽(ship,배)이 블랙(검은)인 해적선이야.
☺ 난파 ⇨ 쉬프렉

3413 ① ② ③

왜 **떨고** 있어?
추위에 **쉬**를 누면서 **별별** 떨고 있어.
☺ 떨다 ⇨ 쉬벌

3414 ① ② ③

이상한 휴대폰 **진동** 소리에 어떻게
됐어?
쇼크 받았어.
☺ 진동 ⇨ 샤크

3415 ① ② ③

총 쏠 때 총알이 어떤 소리를 내지?
슛~하고 총알이 나가.
☺ 쏘다 ⇨ 슈-트

3416 ① ② ③

바닷가에서 놀다가 상처가 난 이유는?
해파리에게 **쏘여서** 그래.
☺ 바닷가 ⇨ 쇼얼

3417 ① ② ③

옷이 **부족**할 때는 어떻게 해야 돼?
쇼에 쓴 옷도 **버리지** 말고 재활용해.
☺ 부족 ⇨ 쇼-리쥐

3418 ① ② ③

짧게 하는 쇼를 보고 싶어
어떤 **쇼든** 짧아.
☺ 짧게 하다 ⇨ 쇼-튼

3419 ① ② ③

단기 알바로 뭐했어?
숏다리에게 **텀**블링을 가르쳤어.
☺ 단기의 ⇨ 숄-텀

3420 ① ② ③

총을 **발사**해서 맞추자 친구들이
뭐라고 했어?
"나이스 **샷**~"
☺ 발포 ⇨ 샤트

3409 방패	3410 이동	3411 광채

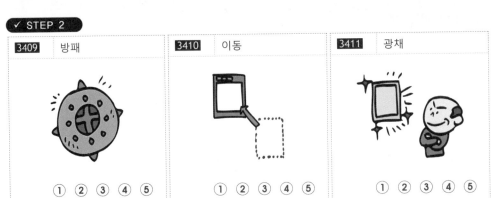

① ② ③ ④ ⑤　　① ② ③ ④ ⑤　　① ② ③ ④ ⑤

3412 난파	3413 떨다	3414 진동

① ② ③ ④ ⑤　　① ② ③ ④ ⑤　　① ② ③ ④ ⑤

3415 쏘다	3416 바닷가	3417 부족

① ② ③ ④ ⑤　　① ② ③ ④ ⑤　　① ② ③ ④ ⑤

3418 짧게 하다	3419 단기의	3420 발포

① ② ③ ④ ⑤　　① ② ③ ④ ⑤　　① ② ③ ④ ⑤

3409	**shield** [ʃiːld]	① ② ③ ④		보호하다, 지키다, 방패, 보호하는 것	① ② ③ ④	
3410	**shift** [ʃift]	① ② ③ ④		바꾸다, 옮기다, 이동, 변경	① ② ③ ④	
3411	**shine** [ʃain]	① ② ③ ④		빛나게 하다, 빛나다, 빛남, 광채	① ② ③ ④	
3412	**shipwreck** [ʃíprèk]	① ② ③ ④		난선, 난파, 파멸시키다	① ② ③ ④	
3413	**shiver** [ʃívəːr]	① ② ③ ④		(추위·공포 등으로)떨다, 떨림	① ② ③ ④	
3414	**shock** [ʃak/ʃɔk]	① ② ③ ④		충격(을 주다), 진동	① ② ③ ④	
3415	**shoot** [ʃuːt]	① ② ③ ④		(총 등을) 쏘다, 발사하다, 사살하다	① ② ③ ④	
3416	**shore** [ʃɔːr]	① ② ③ ④		바닷가, 물가, 기슭	① ② ③ ④	
3417	**shortage** [ʃɔ́ːrtidʒ]	① ② ③ ④		부족, 결핍, 결함	① ② ③ ④	
3418	**shorten** [ʃɔ́ːrtn]	① ② ③ ④		짧게 하다	① ② ③ ④	
3419	**short-term** [ʃɔ́ːrtə̀ːrm]	① ② ③ ④		단기 (만기)의	① ② ③ ④	
3420	**shot** [ʃat/ʃɔt]	① ② ③ ④		발포, 탄환, 일격	① ② ③ ④	

※ short-term: •텀블링(Tumbling): 마루, 매트 위에서 뛰고 회전하는 체조

✓ STEP 1

3421 ① ② ③

큰소리로 **외치며**하는 노래하는
창법은?
샤우트 창법.
☺ 외치다 ⇨ 샤우트

3422 ① ② ③

쇼에서 관객이 서로 **밀어내는** 이유는?
서로 쇼의 VIP 자리에 앉으려고.
☺ 밀어내다 ⇨ 셔브

3423 ① ② ③

삽으로 땅만 파더니 뭐라 그랬어?
힘들어서 **쉬어불**란다.
☺ 삽 ⇨ 셔벌

3424 ① ② ③

얼마나 **빈틈없는** 사람이야?
작은 서류도 빈틈없이 처리해.
☺ 빈틈없는 ⇨ 쉬루-드

3425 ① ② ③

비명을 지른 사람은 누구야?
슈렉이야.
☺ 비명 ⇨ 쉬리크

3426 ① ② ③

잉크량이 왜 **줄었어**?
쉬지 않고 **잉크**를 써서 그래.
☺ 줄다 ⇨ 쉬링크

3427 ① ② ③

싫은 걸 하라고 하니 **어깨를
으쓱하면서** 한 말이 뭐야?
"**싫어 그거**."
☺ 어깨를 으쓱하다 ⇨ 쉬러그

3428 ① ② ③

발을 질질 끌며 걸으면서 뭘 해?
아이팟**셔플**로 음악을 들어.
☺ 발을 질질 끌며 걷다 ⇨ 셔플

3429 ① ② ③

가게 끝나면 뭘 **닫아야 해**?
셔터를 닫아야 해!

☺ 닫다 ⇨ 셔트

3430 ① ② ③

집에서 도서관까지 **왕복 운행**하는
것은?
셔틀 버스.
☺ 왕복 운행 ⇨ 셔틀

3431 ① ② ③

커플인데 아직 **부끄러워하는** 이유는?
아직 완전한 커플 **사이**가 아니라서
그래.
☺ 부끄러워하는 ⇨ 샤이

3432 ① ② ③

병이 난 학생에게 양호선생님이
잘하시는 말씀은?
"잘 **씻니**?"
☺ 병 ⇨ 시크니스

3421 외치다	3422 밀어내다	3423 삽

① ② ③ ④ ⑤	① ② ③ ④ ⑤	① ② ③ ④ ⑤

3424 빈틈없는	3425 비명	3426 줄다

① ② ③ ④ ⑤	① ② ③ ④ ⑤	① ② ③ ④ ⑤

3427 어깨를 으쓱하다	3428 발을 질질 끌며 걷다	3429 닫다

① ② ③ ④ ⑤	① ② ③ ④ ⑤	① ② ③ ④ ⑤

3430 왕복 운행	3431 부끄러워하는	3432 병

① ② ③ ④ ⑤	① ② ③ ④ ⑤	① ② ③ ④ ⑤

3421	shout [ʃaut]	① ② ③ ④		큰소리 내다, 외치다	① ② ③ ④
3422	shove [ʃʌv]	① ② ③ ④		밀다, 밀어내다, 서로 밀다.	① ② ③ ④
3423	shovel [ʃʌv-əl]	① ② ③ ④		삽(으로 푸다)	① ② ③ ④
3424	shrewd [ʃru:d]	① ② ③ ④		빈틈없는, 영리한, 약삭빠른	① ② ③ ④
3425	shriek [ʃri:k]	① ② ③ ④		비명을 지르다, 비명, 날카로운 외침	① ② ③ ④
3426	shrink [ʃriŋk]	① ② ③ ④		수축하다, 줄다, 피하려 하다	① ② ③ ④
3427	shrug [ʃrʌg]	① ② ③ ④		(이깨를) 으쓱하다	① ② ③ ④
3428	shuffle [ʃʌf-əl]	① ② ③ ④		발을 질질 끌며 걷다	① ② ③ ④
3429	shut [ʃʌt]	① ② ③ ④		닫다, 휴업하다, 막다	① ② ③ ④
3430	shuttle [ʃʌtl]	① ② ③ ④		(직조기의) 북, 왕복운행	① ② ③ ④
3431	shy [ʃai]	① ② ③ ④		소심한, 부끄러워하는	① ② ③ ④
3432	sickness [síknis]	① ② ③ ④		병, 멀미	① ② ③ ④

3428 ∗셔플(shuffle): 비디오게임, 애니메이션 아이팟셔플(MP3플레이어의 하나)

✓ STEP 1

3433 ① ② ③

인도(人道)는 어디야?
차도 양쪽 **사이드**에 **워크**(walk,걷다)할
수 있게 되어 있어.
☺ 인도 ⇨ 사이드워-크

3434 ① ② ③

한숨이 왜 나와?
근심이 **쌓이**면 저절로 나와.
☺ 한숨 ⇨ 사이

3435 ① ② ③

오늘 **구경**할 곳은?
차타고 가는 **사이**에 확 트인 **시인**
마을이 보여 거기야.
☺ 구경 ⇨ 사이트시-잉

3436 ① ② ③

신랑신부가 **서명**하는 걸 왜 못 봤어?
늦게 도착해 결혼**식을 놓쳐**서 못
봤어.
☺ 서명 ⇨ 시그너철

3437 ① ② ③

체온이 **중요한** 이유는?
체온이 **식으니** 피 온도 **컨트**롤이 안
되기 때문이야.
☺ 중요한 ⇨ 시그니피컨트

3438 ① ② ③

먹을 수 없다는 걸 **의미하는** 것을
어떻게 알 수 있어?
식으니 파이처럼 납작해질 때.
☺ 의미하다 ⇨ 시그너파이

3439 ① ② ③

이 **비단**옷은 몇% 실크야?
100프로 **실크**야.
☺ 비단 ⇨ 실크

3440 ① ② ③

어리석은 짓은?
쓸데없이 크리스마스 **씰**을 **이**(2)개나
사는 거야.
☺ 어리석은 ⇨ 실리

3441 ① ② ③

닮은 길을 계속 돌면서 하는 말은?
씨~ 멀어.
☺ 닮은 ⇨ 시밀럴

3442 ① ② ③

단순화한 이 파이(pie,요리) 어때?
"**심플**해~ **너의 파이**는."
☺ 단순화하다 ⇨ 심플러파이

3443 ① ② ③

가상공간에서 **가장해서** 비행훈련을
하는 것은?
비행 **시뮬레이션.**
☺ 가장해서 ⇨ 시뮬레이트

3444 ① ② ③

선생님 두 분이 **동시에** 말씀하신
것은?
집과 학교 **사이**, **멀** 테니, **어서** 돌아가.
☺ 동시의 ⇨ 사이멀테이니어스

3433 인도	3434 한숨	3435 구경
① ② ③ ④ ⑤	① ② ③ ④ ⑤	① ② ③ ④ ⑤

3436 서명	3437 중요한	3438 의미하다
① ② ③ ④ ⑤	① ② ③ ④ ⑤	① ② ③ ④ ⑤

3439 비단	3440 어리석은	3441 닮은
① ② ③ ④ ⑤	① ② ③ ④ ⑤	① ② ③ ④ ⑤

3442 단순화하다	3443 가장해서	3444 동시의
① ② ③ ④ ⑤	① ② ③ ④ ⑤	① ② ③ ④ ⑤

3433	sidewalk [sáidwɔ̀:k]	① ② ③ ④		보도, 인도	① ② ③ ④
3434	sigh [sai]	① ② ③ ④		한숨, 탄식, 한숨 쉬다	① ② ③ ④
3435	sightseeing [sáitsì:iŋ]	① ② ③ ④		관광, 구경, 유람	① ② ③ ④
3436	signature [sígnətʃə:r]	① ② ③ ④		서명(하기)	① ② ③ ④
3437	significant [signifikənt]	① ② ③ ④		중요한, 뜻있는, 함축성 있는	① ② ③ ④
3438	signify [sígnəfài]	① ② ③ ④		의미하다, 표시하다, 알리다	① ② ③ ④
3439	silk [silk]	① ② ③ ④		비단, 명주실	① ② ③ ④
3440	silly [síli]	① ② ③ ④		어리석은, 둔한	① ② ③ ④
3441	similar [símilər]	① ② ③ ④		유사한, 닮은	① ② ③ ④
3442	simplify [símpləfài]	① ② ③ ④		단순화하다, 단일화하다	① ② ③ ④
3443	simulate [símjuleit]	① ② ③ ④		흉내 내다, 가장하다	① ② ③ ④
3444	simultaneous [sàim-əltéiniəs,sì-]	① ② ③ ④		동시의	① ② ③ ④

✓ STEP 1

3445 ① ② ③

죄를 용서받으려면 어떻게 해?
신을 믿고 용서를 빌어.
☺ 죄 ⇨ 신

3446 ① ② ③

진실한 마음을 고백 할 때는 뭐라고 하지?
"신이시여! 알아주소서!" 하면 돼.
☺ 진실한 ⇨ 신시얼

3447 ① ② ③

성실하게 일하다 다치면 어떻게 하지?
내 신세려니 해야지.
☺ 성실 ⇨ 신세러티

3448 ① ② ③

불길한 일은 일어나지 않겠지?
그래 신이 있을 터이니 괜찮아.
☺ 불길한 ⇨ 시니스털

3449 ① ② ③

주방에서 물이 가라앉으며 빠지는 곳은?
싱크대.
☺ 가라앉다 ⇨ 싱크

3450 ① ② ③

물을 왜 조금씩 마셔?
씹으면서 마시면 건강에 좋아.
☺ 조금씩 마시다 ⇨ 쉽

3451 ① ② ③

인터넷에서 위치를 말하는 것은?
인터넷 사이트.
☺ 위치 ⇨ 사이트

3452 ① ② ③

거실에 갖다 놓은 강아지는 몇 마리야?
시츄(Shitzu, 개종류) 에잇(eight, 8)마리.
☺ 놓다 ⇨ 시츄에이트

3453 ① ② ③

시츄(Shitzu,개종류)들이 위치해 있는 곳은?
시츄 에잇(eight,8)마리가 티드(인명)의 집에 있어.
☺ 위치해 있는 ⇨ 시츄에이티드

3454 ① ② ③

해골도 스켈링하면 돈 들어가니?
해골도 물론 스켈링하면 돈 들어가.
☺ 해골 ⇨ 스케러튼

3455 ① ② ③

넌 언제 회의적인 마음이 드니?
스스로 캡이라 생각하지만 우주에선 티끌만한 존재임을 깨달을 때.
☺ 회의적인 ⇨ 스켑티클

3456 ① ② ③

눈 위에서 타며 미끄러지는 것은?
스키(ski).
☺ 미끄러지다 ⇨ 스키드

3445 죄	3446 진실한	3447 성실
① ② ③ ④ ⑤	① ② ③ ④ ⑤	① ② ③ ④ ⑤

3448 불길한	3449 가라앉다	3450 조금씩 마시다
① ② ③ ④ ⑤	① ② ③ ④ ⑤	① ② ③ ④ ⑤

3451 위치	3452 놓다	3453 위치해 있는
① ② ③ ④ ⑤	① ② ③ ④ ⑤	① ② ③ ④ ⑤

3454 해골	3455 회의적인	3456 미끄러지다
① ② ③ ④ ⑤	① ② ③ ④ ⑤	① ② ③ ④ ⑤

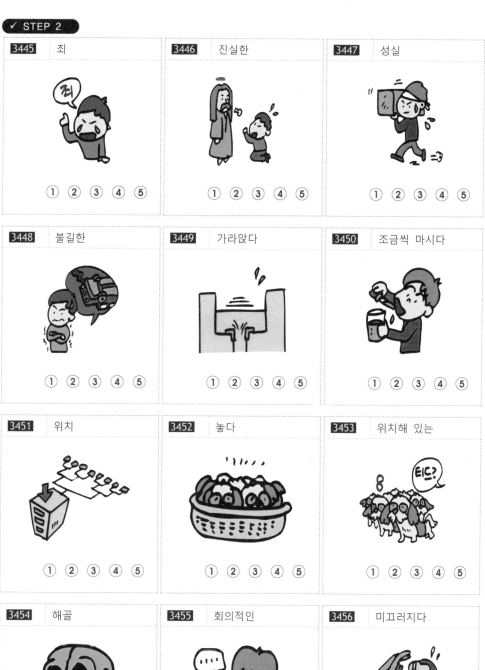
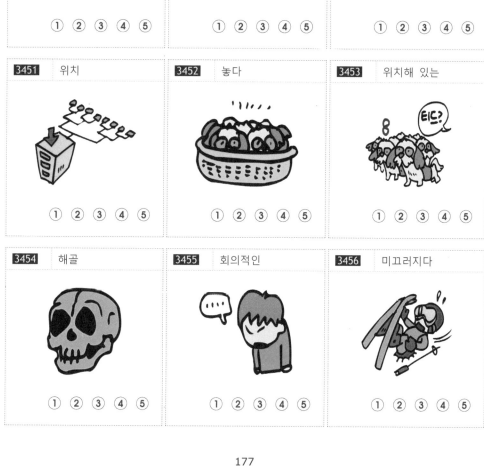

		①	②			①	②
3445	sin [sin]	③	④		죄, 과실, 잘못	③	④
3446	sincere [sinsíə:r]	①	②		성실한, 진실한	①	②
		③	④			③	④
3447	sincerity [sinsérəti]	①	②		성실, 진실	①	②
		③	④			③	④
3448	sinister [sínistər]	①	②		불길한, 재난의, 사악한	①	②
		③	④			③	④
3449	sink [siŋk]	①	②		가라앉다, 침몰하다, 지다	①	②
		③	④			③	④
3450	sip [sip]	①	②		조금씩 마시다, 한 모금	①	②
		③	④			③	④
3451	site [sait]	①	②		위치, 부지, 용지	①	②
		③	④			③	④
3452	situate [sítʃuèit]	①	②		(어떤 위치에)두다, 놓다, 놓이게 하다	①	②
		③	④			③	④
3453	situated [sitʃuéitid]	①	②		위치해 있는, 처해 있는	①	②
		③	④			③	④
3454	skeleton [skélətən]	①	②		골격, 해골, 골조	①	②
		③	④			③	④
3455	skeptical [sképtikəl]	①	②		회의적인, 의심 많은	①	②
		③	④			③	④
3456	skid [skid]	①	②		미끄럼, (옆으로) 미끄러지다	①	②
		③	④			③	④

✓ STEP 1

3457 ① ② ③

스쳐지나가는 여자는 누구야?
내가 좋아하는 미스 **김**.

☺ 스쳐지나가다 ⇨ 스킴

3458 ① ② ③

눈 위의 장애물을 **건너뛰는** 선수가
타는 것은?
스킵니다(스키입니다).

☺ 건너뛰다 ⇨ 스킵

3459 ① ② ③

두뇌를 안 써서 시험을 망친 후 하는
말은?
"**두뇌** 많이 **쓸걸**."

☺ 두뇌 ⇨ 스컬

3460 ① ② ③

초고층 빌딩에 올라가서 뭐했어?
스카이(sky,하늘)를 보는데 창문에
스크레치가 나 있어서 페이퍼로
덮었어.

☺ 초고층 빌딩 ⇨
스카이스크레이퍼

3461 ① ② ③

골대를 **강타**한 것이 뭐야?
슬램덩크슛이야.

☺ 강타 ⇨ 슬램

3462 ① ② ③

흑인들이 쓰는 **속어**를 뭐라 해?
슬랭.

☺ 속어 ⇨ 슬랭

3463 ① ② ③

손바닥을 **찰싹 때리면서** 뭐해?
슬슬 랩을 하고 있어.

☺ 찰싹 때리다 ⇨ 슬랩

3464 ① ② ③

제과점에서 값을 **깎은** 것은 뭐야?
슬러쉬야.

☺ 깎다 ⇨ 슬래쉬

3465 ① ② ③

히틀러가 사람들을 **학살한** 곳이 어디지?
시간을 거슬러 생각해 보면 이 **터**가
그곳이야.

☺ 학살하다 ⇨ 슬로-터

3466 ① ② ③

노예처럼 일한 사람은 누구야?
슬래가 된 **이브**.

☺ 노예(처럼 일하다) ⇨ 슬레이브

3467 ① ② ③

슬래가 **노예 신분**인줄 어떻게 알았어?
슬래가 어리버리해서.

☺ 노예 신분 ⇨ 슬레이버리

3468 ① ② ③

진눈깨비가 내리자 어떻게 되었지?
녹슬리 없던 트럭 색깔이 변했어.

☺ 진눈깨비가 내리다 ⇨ 슬리-트

179

3457	스쳐지나가다	3458	건너뛰다	3459	두뇌

① ② ③ ④ ⑤

① ② ③ ④ ⑤

① ② ③ ④ ⑤

3460	초고층 빌딩	3461	강타	3462	속어

① ② ③ ④ ⑤

① ② ③ ④ ⑤

① ② ③ ④ ⑤

3463	찰싹 때리다	3464	깎다	3465	학살하다

① ② ③ ④ ⑤

① ② ③ ④ ⑤

① ② ③ ④ ⑤

3466	노예(처럼 일하다)	3467	노예 신분	3468	진눈깨비가 내리다

① ② ③ ④ ⑤

① ② ③ ④ ⑤

① ② ③ ④ ⑤

3457	skim [skim]	① ② ③ ④		걷어내다, 스쳐지나가다	① ② ③ ④
3458	skip [skip]	① ② ③ ④		깡충깡충 뛰어가다, 건너뛰다, 거르다, 건너뜀	① ② ③ ④
3459	skull [skʌl]	① ② ③ ④		두개골, 두뇌	① ② ③ ④
3460	skyscraper [skáiskréipər]	① ② ③ ④		마천루, 초고층 빌딩	① ② ③ ④
3461	slam [slæm]	① ② ③ ④		쾅 받다, 강타(하는 소리)	① ② ③ ④
3462	slang [slæŋ]	① ② ③ ④		속어, 통용어	① ② ③ ④
3463	slap [slæp]	① ② ③ ④		찰싹 때리다, 털썩 놓다	① ② ③ ④
3464	slash [slæʃ]	① ② ③ ④		깊이 베다, 깎다, 삭감하다	① ② ③ ④
3465	slaughter [slɔ́:tər]	① ② ③ ④		도살(하다), 학살하다	① ② ③ ④
3466	slave [sleiv]	① ② ③ ④		노예(처럼 일하다), 헌신하는 사람	① ② ③ ④
3467	slavery [sléivəri]	① ② ③ ④		노예제도, 노예 신분, 예속	① ② ③ ④
3468	sleet [sli:t]	① ② ③ ④		진눈깨비가 내리다	① ② ③ ④

3461 슬램덩크(slam dunk): 농구에서 힘차게 덩크슛을 하는 것 / 덩크(dunk): 농구 관련 용어. 한 손이나 두 손으로 농구공을 잡고 공중으로 높이 뛰어 올라 바스켓 안으로 집어넣는 슛 3464 슬러쉬(slush): (녹아서) 진창이 된 눈. 주스 등의 음료를 떠먹을 수 있게 살짝 얼린 것. 여름에 패스트푸드점이나 학교 문구점, 제과점 등에서 아이스크림과 같이 많이 판매한다.

✓ STEP 1

3469 ① ② ③

호리호리한 엄마가 병상에서 일어나며
하신 말씀은?
이젠 일어 **설란다!**
☺ 호리호리한 ➡ 슬렌더

3470 ① ② ③

얇게 썬 치즈 조각을 뭐라 하지?
슬라이스 치즈.

☺ 얇게 썰다 ➡ 슬라이스

3471 ① ② ③

미끄러져 움직여서 여는 폰은?
슬라이드 폰.

☺ 미끄러져 움직이다 ➡ 슬라이드

3472 ① ② ③

약간만 마시자?
오케이, 오늘 술은 **라이트**(가볍게)하게
마시지 뭐.
☺ 약간의 ➡ 슬라이트

3473 ① ② ③

호리호리한 몸을 만들려면 어떻게
하면 돼?
슬림 다이어트 하면 돼.
☺ 호리호리한 ➡ 슬림

3474 ① ② ③

자주 **미끄러져 넘어지던** 회장이 설립
한 것은?
바닥이 안 미끄러운 빌딩을 **설립**했어.
☺ 미끄러져 넘어지다 ➡ 슬립

3475 ① ② ③

자유를 **외쳤던** 건 누구야?
이슬로 사라진 대한의 **건**아들이야!

☺ 외침 ➡ 슬로우건

3476 ① ② ③

경사면을 타는 산악인은 어떻게 산을 타니?
한손에 술병과 다른 한 손엔 **로프**를
쥐고 산을 타.
☺ 경사면 ➡ 스로우프

3477 ① ② ③

이 음식점에서 **싸구려** 음식은?
술이 넘(너무) 싸구려야.

☺ 싸구려의 ➡ 슬럼

3478 ① ② ③

길에서 **자는** 미국거지는 뭘 먹지?
슬럼가에 가서 **버려진** 음식을 먹어.
☺ 자다 ➡ 슬럼버

3479 ① ② ③

은밀하게 감춘 게 도대체 뭐야?
_ 슬라이드 폰이야.

☺ 은밀한 ➡ 슬라이

3480 ① ② ③

천연두환자가 살아나려면?
숨을 팍! 쉬어야 해.
☺ 천연두 ➡ 스몰팍스

3469 호리호리한	3470 얇게 썰다	3471 미끄러져 움직이다
① ② ③ ④ ⑤	① ② ③ ④ ⑤	① ② ③ ④ ⑤

3472 약간의	3473 호리호리한	3474 미끄러져 넘어지다
① ② ③ ④ ⑤	① ② ③ ④ ⑤	① ② ③ ④ ⑤

3475 외침	3476 경사면	3477 싸구려의
① ② ③ ④ ⑤	① ② ③ ④ ⑤	① ② ③ ④ ⑤

3478 자다	3479 은밀한	3480 천연두
① ② ③ ④ ⑤	① ② ③ ④ ⑤	① ② ③ ④ ⑤

3469	slender [sléndər]	①	②		호리호리한, 날씬한, 적은	①	②
		③	④			③	④
3470	slice [slais]	①	②		얇게 썰다, 저미다, 베다, 얇은 조각, 부분	①	②
		③	④			③	④
3471	slide [slaid]	①	②		미끄러져 움직이다, 하락하다, 미끄럼틀, 하락	①	②
		③	④			③	④
3472	slight [sláit]	①	②		약간의, 근소한, 가벼운, 하찮은	①	②
		③	④			③	④
3473	slim [slim]	①	②		호리호리한, 빈약한, 얼마 안 되는	①	②
		③	④			③	④
3474	slip [slip]	①	②		미끄러져 넘어지다, 슬쩍 움직이다, 과실, 미끄러짐	①	②
		③	④			③	④
3475	slogan [slóugən]	①	②		외침, 함성, 표어	①	②
		③	④			③	④
3476	slope [sloup]	①	②		경사면, 스키장	①	②
		③	④			③	④
3477	slum [slʌm]	①	②		빈민굴, 싸구려의	①	②
		③	④			③	④
3478	slumber [slʌ́mbər]	①	②		자다, 졸다, 잠, 졸음	①	②
		③	④			③	④
3479	sly [slai]	①	②		교활한, 은밀한	①	②
		③	④			③	④
3480	smallpox [smolpɑ̀ks]	①	②		천연두	①	②
		③	④			③	④

3478 슬럼가(slum街): 빈민가 *슬럼: 도시의 빈민굴. 도시사회에서의 지역 병리 현상의 하나로 일반적으로 빈민이 많은 지구나 주택 환경이 나쁜 지구를 말한다. 슬럼의 어원은 slumber(잠, 선잠)이다.

3408 *세퍼드(Shepherd dog):
1000여년 전 독일의 승려들이 도적을 막기 위해, 그 지역에 살고 있던 목양견과
늑대를 교배시켜 만든 견종

3419 *텀블링(Tumbling):
마루, 매트 위에서 뛰고 회전하는 체조

3428 *셔플(shuffle):
비디오게임, 애니메이션 아이팟셔플(MP3플레이어의 하나)

3461 *슬램덩크(slam dunk):
농구에서 힘차게 덩크슛을 하는 것
*덩크(dunk): 농구 관련 용어, 한 손이나 두 손으로 농구공을 잡고 공중으로 높이 뛰어
올라 바스켓 안으로 집어넣는 슛

3464 *슬러쉬(slush):
(녹아서) 진창이 된 눈, 주스-등의 음료를 떠먹을 수 있게 살짝 얼린 것, 여름에
패스트푸드점이나 학교 문구점, 제과점-등에서 아이스크림과 같이 많이 판매한다.

3478 *슬럼가(slum街): 빈민가
*슬럼[silm]: 도시의 빈민굴, 도시사회에서의 지역 병리 현상의 하나로 일반적으로
빈민이 많은 지구나 주택환경이 나쁜 지구를 말한다. 슬럼의 어원은 slumber(잠,
선잠)이다.

MEMO

MEMO

MEMO

MEMO

MEMO

MEMO

MEMO